第二辑

闯天涯

温州华侨口述史

温州华侨口述史课题组 编

浙江大学出版社·杭州
ZHEJIANG UNIVERSITY PRESS

图书在版编目（CIP）数据

闯天涯：温州华侨口述史. 第二辑 / 温州华侨口述
史课题组编 . -- 杭州：浙江大学出版社，2024. 11.

ISBN 978-7-308-25469-4

Ⅰ. D634.3

中国国家版本馆 CIP 数据核字第 2024U0H975 号

闯天涯：温州华侨口述史（第二辑）

温州华侨口述史课题组　编

责任编辑	韦丽娟
责任校对	吕倩岚
封面设计	胡文胜
出版发行	浙江大学出版社
	（杭州市天目山路 148 号　邮政编码 310007）
	（网址：http://www.zjupress.com）
排　版	杭州晨特广告有限公司
印　刷	浙江新华数码印务有限公司
开　本	710mm×1000mm　1/16
印　张	12.75
字　数	206 千
版 印 次	2024 年 11 月第 1 版　2024 年 11 月第 1 次印刷
书　号	ISBN 978-7-308-25469-4
定　价	98.00 元

前言

　　编纂《温州华侨口述史》是近年来温州市委统战部（市侨办）主推的一出重头戏。此项工作意义重大，不仅可以进一步展示温州华侨敢于拼搏、抱团发展的良好形象，而且这些老一辈华侨讲述的创业发展历程，可以引导海外新生代继续传承好侨界优良传统。记录下来的这些历史是难得的温州华侨史料，是别样的温州华侨史。

　　因此，在完成第一期20人的采访工作后，温州市委统战部（市侨办）再次联合温州大学人文学院开展了温州华侨口述史第二期编纂工作。历经一年多时间的采访、撰写、编辑，现在《闯天涯：温州华侨口述史》（第二辑）正式出版了。此书共收录了12位温籍知名华侨闯荡世界的故事，生动阐释了温州人敢为人先、吃苦耐劳、勇于创新的精神。

　　温州现有华侨华人、港澳同胞共68.8万人，另有归侨侨眷34.4万人，有357个在海外规模大、有活力、有影响力的温籍侨团。他们从家乡出发，历经千辛万苦、说尽千言万语、走遍千山万水、想尽千方百计，让温州人的经济版图扩展到全世界。海外创业路，鲜花与荆棘共生。每一位华侨华人的背后，都有着自己独特的经历，特别是在海外打拼闯荡时，留下了很多跌宕起伏的精彩故事和可歌可颂的传奇经历。

　　虽然我们记录下来的只是沧海一粟，但一滴水可以折射太阳的光辉。我们希望可以借助口述历史记录，留下一代海外温州人的欢笑、泪水和不悔，以此讲好温州故事，传播时代强音。

目录

陈 锡光

1929 年出生于温州瑞安市仙降街道。历任温州地委干校组织科副科长、党支部书记，温州地委党校党史研究室辅导员，驻法大使馆三秘、二秘兼领事部主任，温州市侨办主任等职。长期从事侨务工作，多次陪同温州市的领导出访，与人合作创立温州华侨华人研究所，编有《温州华侨研究》。

陈锡光：

深受法国华侨欢迎的『陈主任』

访谈时间：2022 年 7 月 26 日
访谈地点：温州市鹿城区人民西路温富大厦
受访者：陈锡光、陈锡光之子陈伟
采访者：金丹霞、潘婷婷
录音、摄影：潘婷婷、叶梦洁
文字整理：潘婷婷

小学读了五年半，就去当学徒

我父母都是经商的，父亲原籍温州（市区），瑞安的亲戚说他们那里还没什么店铺，就介绍我父亲到瑞安来做生意，于是父亲从温州市区迁到瑞安，在仙降街上开了一家百货店，卖布和百货。店铺是父亲拿一百银圆典当过来的，不用交租金，有两个店面。父亲有时需要到瑞安县城或温州市区进货，店全由我母亲打理，母亲挑起了家务重担。店铺在父母亲共同努力经营下，生意做得很好。

1929 年 9 月 30 日，我在瑞安仙降出生。我上面有四个姐姐、一个哥哥，下面有两个弟弟，最小的弟弟和我相差六岁。我们四个姐妹、四个兄弟，这么多孩子都靠父亲的商店养活。当然，主要也是因为那时候生活开销低，住的房子是租来的，菜很便宜，养十个孩子都没问题，所以日子过得还不错。

在我很小的时候母亲就去世了，因为我们兄弟几个尚年幼，父亲决定再娶。继母虽不同于亲生母亲，但对我们来说有抚育之恩。哥哥也在幼年时生病去世，我本来在兄弟里排行第二——小一辈都叫我"二伯""二叔"，后来我倒成了老大。

1933 年前后，父亲送我到仙降小镇上一个办在佛殿里的学校去读书。那时候，只有在当地有点诚信、有点钱的人来见这个学校的校长，校长才会同意他们家孩子

采访陈锡光先生

在这所学校读书，我们兄弟几个都在那个学校读书。

抗战全面爆发后，社会动荡，经济不景气，农村购买力下降导致我父亲的百货店生意不好，他只得将店铺转让出去，携全家迁回温州市区谋生。那时我小学还没正式毕业，只读了五年半，后来就没有继续读。

父亲回温州市区后，联合几个股东在温州百里坊合开一间"津津"面包饼干厂，结果经营失败，工厂关闭。从此，父亲就失业在家。因无生活来源，家庭经济困难，为减轻家庭负担，我14岁时经父亲的一位朋友介绍，被送到市区渔丰侨震兴电料店当学徒。

进店前，谈妥学徒时间是三年，另向店家交三个月伙食费。进去后，我才知道那是个"家连店"，老板全家人吃住在店里，我名义上是去当学徒，实际上是为他们干杂活。早上起床后，开门扫地都是学徒的分内活，老板家一日三餐要干的杂活，如提水、劈柴、烧火等，全都归我。老板娘有个才两岁的小儿子，我有空还要帮她抱孩子。天天如此，根本谈不上学什么手艺，而且三餐除中午吃干饭外，早晚两餐全喝稀饭。当时我正是长身体的时候，时常感觉到饥饿难耐。这么过了几个月后，我向父亲说明情况，他托人帮忙，让我进了打锣桥口美本印刷店当学徒，学习印刷技术。

我们厂大概有七八个工人，一人一台机器。那时候的印刷技术比较落后，主要分两个步骤：一个是排字，一个是印刷。

排字就是把活字一个个拣出来，按顺序排出一个版来，放到印刷的机器里。印刷就是在活字排好、上面的油墨都搞好以后，工人脚踩在印刷机器踏板上，机器就会打开来，这时把已经裁好的纸放进去，用针订好；脚一松开，机器合拢，字就印在白纸上了；脚再一踩，机器打开，把印好的纸拿出来，再把白纸放进去。要是脚一不小心松开时你的手还在里面，就会被轧扁了。虽然大家都很小心，但还是听说厂里有人的手指头给轧扁了。我因为有点文化，看得懂字，所以学的是排字，就没有那样的经历。

我在印刷厂做学徒的时候，每天的工作时间是不固定的。我们厂主要是印日历和店里的招牌纸，如果生意好，那就要开夜工，干到晚上九点钟结束；如果生意一般，吃了晚饭以后就没事干了。当时的工人、学徒都住在印刷厂里，吃也是吃老板的，但是当学徒是没工资的，厂里只给一点生活费，主要用于理发。学徒要当三年才能出师，一般做满三年学徒工之后，大家就找工作去了，不会继续待在印刷厂里，因为出去工作才有工资。好景不长，我当学徒一年左右，1944 年 9 月又遇日军南下，面临温州第三次沦陷，店里职工全部遣散逃离，我就随家里人一起往仙降老家避难。

1945 年，日本投降，抗战胜利，我回到温州市区，但美本印刷店却再也没有开业。后经一位老师傅帮助，我进了温州《中国民报》社排字房学习排字。本来去报社也要当三年学徒，但因为我已经学过一点排字，在家休息的时间也不长，老师傅就跟报社说让我一年半出师。我心里很高兴：一年半就可以出师，出师就能赚钱了！

排字房里当师傅是轻松的，四个小时把自己的事干完就好了。当学徒难点，要赶第二天的报纸，我都是晚上十二点钟以后排字。师傅回去睡觉了，我还要把留下来的东西都处理好。我在报社当学徒一年半，还有点收入——师傅排字是有工钱的，有的师傅懒，不愿意干，让我们学徒干，他拿到五块钱工资就会给我两块钱，我能拿两块钱就很高兴了！

1947 年 6 月左右，我开始拿正式的工资，工资不多——主要是物价涨得厉害。像我等级低一点的，半个月发一次工资。上半个月发完工资，我算了算，等下半个月工资发了就可以买个金戒指，是金的戒指啊！所以我就把钱省下来存起来，想要月底去买个金戒指。等到月底要去买了，发现金戒指涨价了，根本买不起，只能买到两斤半大米，物价涨得太厉害了。有的工人很生气，就把那时候用的金圆券撕了当草纸用，我的金戒指也一直没买成。

参加进步活动，在地委干校入了党

1949 年 5 月 7 日，温州解放，温州《中国民报》改为《进步报》后，我就进了《进步报》。不久，市军管会对旧《温州日报》实行军管，并与《进步报》合并筹备成立温州新华印刷厂和新华书店。

我在温州解放时就积极参加各项进步活动，像欢迎浙南游击纵队进城，参加报社保护财产免遭破坏等活动。不久后，我和工友一同加入中国新民主主义青年团，成为温州新中国成立后的第一批团员。后来，我又和工友作为进步青年被温州地委宣传部分配到新华书店工作。

我们是排字工人出身，又是青年团员，有一定文化基础，易于接触和接受先进思想，在新华书店表现良好。1949 年 10 月，组织上为培养我们，新华书店经理郑加治同志就选送我们去参加浙江省第五区干部学校（以下简称"干校"）学习。

报到后我被编为第四中队学员，还担任学习组组长。这是干校办的第一期训练班，我们去主要学习形势、政治，再学点业务——财经方面的知识。经过 4 个月学习培训，结业时我被评选为二等学习模范，获得奖状和奖章，干校毕业后留校工作。

不久，学校改为温州地委干部学校。我在干校工作期间，曾担任过班部干事、班部主任、支部书记、校部组织科副科长等职，主要任务是负责培训温州地区的区（乡）主要党政干部。我还在地委干校入了党。2022年，我获得了"光荣在党70年"的奖章。

1959年，我参加工作队下乡到平阳万全区工作。万全区原系平阳有名的产粮区，受1958年"大跃进"的影响，农田歉收，许多生产队缺粮，成为落后生产队。我们工作队进驻万全区榆垟乡，分配到村里工作，所谓改造"落后生产队"。

那时下乡要与农民做到"三同"：同吃、同住、同劳动。我在农民家里吃饭时见到他们吃的全是番薯丝，吃午饭时还特地照顾我们加入少量大米。后经了解，他们所吃的番薯丝都是从瑞安莘塍塘下一带私自购来的，如果运气不好，经过飞云江渡江口时，还有被缉私队查获没收的危险。我们对他们很是同情，但当时从上而下实行的政策就是这样，如果因为同情而如实反映，立即就会受到批判，还要被扣上同情资本主义右倾分子的帽子，受到惩罚，所以我们只和关系要好的同事讨论。之后，即使我将干部的定量粮票全部给了他们，仍然感到内疚。

后来，地委干校改为地委党校，我还是留在那里，一直没有调动。在党校我是干事，主要工作是管理学员，培训地委的行政干部、党的干部，有时候也干整理材料的活儿，在那里待的时间较长。

想都不敢想，直接调到中央直属部门工作

1964年的一天，地委党校组织部领导突然叫我去谈话。我问他，什么事啊？他说组织决定把我调到北京去。原来是中央要挑选地方的精英干部，把好的留下。地委组织部考虑之后决定把我调去北京。

我自己根本想不到，想都不敢想！省里都去不了，还去北京？更不用说是去一个中央直属的部门。后来我拿着介绍信从温州直接去北京，到中央直属机关工作。

当时，温州就我一个人被调到北京，后来又调来一位同志。中央说要地方干部，因为地方干部对地方工作有经验，这只是选我去的一个原因，另外一个原因同温州华侨有关系。1964年，中法刚刚建交，第一批旅法温州华侨受到国务院邀请

要来参加国庆观礼，这是他们在新中国成立后第一次回国。这时，中央已经考虑要调一个温州人来，有关部门就到温州去选人来接待，最后选中了我。

国庆节前，中侨委（中央人民政府华侨事务委员会）——现在我们叫"侨办"（国务院侨务办公室），想找几个温州华侨代表一起开会。结果会是开起来了，但是大家讲话互相听不懂。这些老华侨大都是 20 世纪 30 年代出国的农民，文化程度低，他们只能讲温州本地话，听不懂普通话，所以在交流上产生困难。好在当时温州去了两个干部，其中一个是我。另一个干部把温州话翻译成普通话，翻译得慢一些，我翻译得快一点而且口齿清楚、声音洪亮，华侨对我的印象比较好，领导也看上我，就指定要我了。

国庆节到了，参加国庆观礼的温州华侨也是我陪同的，我和华侨们一起在观礼台上观看国庆阅兵仪式，还看到了天安门城楼上的毛泽东主席，心情十分激动。那次来了二十多个华侨，都是几十年没回祖国的老华侨代表，所以中央比较重视，待遇比较好，特地安排他们住在北京的华侨饭店里，让温州人来接待。

因为语言障碍，北京的干部没法和温州华侨沟通，所以很需要我这样的角色。就像任岩松，他是对国家贡献很大的华侨，尤其在慈善方面，但他不会讲普通话。国家每年国庆都请他来，他是国务院的贵宾，所以每年国务院侨办都要指定我到北京去接待他。任岩松要是过来，我就得提前到北京。当然，这是后来我回温州当侨办主任时候的事了。

话说回来，我那次当翻译是临时安排的，国庆节接待以后，就没什么事了。有些时候那边会叫我去做翻译，这样的情况不多，我就回到中央直属机关继续工作，偶尔会出差。

在法国大使馆，给温州华侨当翻译

1968 年，外交部的领导告诉我，我要被派到法国外交系统工作。因为外交部那时候没有好的温州干部，又因为法国的温州华侨很多而且很重要，法国大使馆需要一个温州话翻译，所以外交部和我的单位商量好以后，决定把我调去法国大使馆。

大使馆门口留影

　　一下子要到法国大使馆工作，说高兴也高兴，我的脑子一片空白——大使馆的工作我从来没干过，稀里糊涂就跟他们一起去了。那时我国与法国还没通航，需要乘巴基斯坦的航班转道。从国内出发后，第一站降落在柬埔寨金边机场休息。起飞时北京正是严寒冬天，飞抵金边机场时，当地机场工作人员穿短裤、背心，气候差别如此之大，让第一次出国的我颇感新奇。之后飞机又飞抵孟加拉国达卡机场、巴基斯坦卡拉奇机场，再飞往埃及、希腊等机场，最后才抵达法国巴黎机场。此行我足足坐了 24 小时飞机。

　　那个时候，我是温州人中唯一正式的外交官。当时中法建交不久，巴黎尚存的国民党驻法国总支部，仍积极从事针对中华人民共和国的敌对活动。有不少华侨因受到国民党控制，仍持有新中国成立前的中华民国护照，也不大主动与我们大使馆接触，形势非常复杂。

　　为做好工作，当时大使馆曾利用五一、十一和春节等节日举办电影招待会，宣传中华人民共和国的伟大成就。还积极创造条件，在办理华侨回国探亲、财产继承、申请子女出国等方面提供方便，做好服务。同时，积极团结爱国老华侨。有些老华侨不会讲普通话，就由我负责接待，通过乡音拉近关系，增进感情。通过大量工作，我们逐渐改变了这些华侨的观念，他们主动前来大使馆换领中华人民共和国护照。

之后，我的主要职责就是和温州华侨接触，为他们办签证、办公证等。温州华侨到大使馆办事，基本上都是由我接待。记得刚到法国时，温州华侨只有一千多人，主要是在法国制作皮革、皮包，自产自销。但是有些温州老华侨年纪大了，他们在法国有产业却没人接班——主要是那几年国内出国审批比较严，申请护照很难。

申请出国要先向公安局上报，公安部门查明政治上没有问题，同意后，再报大使馆办理手续。只要大使馆写清楚出国理由并同意办理，基本上都会批准发放护照。没有经过大使馆同意的都会被退回去，手续很严格。想出国首先要进行政治审查，但那个年代大家甚至连公安局都不敢去，有的人成分不好还会被公安局训话。在温州，出国的大多是农民，基本在政治上没有问题。其次是经济方面，要在外国有一点产业的人才能出国。

我思想比较开放，就把国外温州老华侨产业无人接班这个事情向国内公安部门反映，国内知道后也很通情达理，只要在国外有点财产的，公安部门一般都放行。大使馆里负责签署意见的就是我。当时申请出国的人里，同意哪个不同意哪个，都要我先看过，一般我点头以后，就没问题了。所以那段时间，国内申请到法国的温州华侨很多，回国探亲的也很多。

旅法华侨的人数大量增加，也给大使馆带来了不少问题。那时中法两国还没通航，他们只能乘别国航班转往法国，因为不懂外语，有人在途中转机时搭错了班机，误飞到了非洲某个国家，他的家人到法国机场接不到人，慌了，就向使馆领事部求助，领事馆与法国机场联系，请他们协助了解，才找到了人的下落，转机抵达法国巴黎。

有一件事我至今记忆犹新。乐清有一位十四五岁的小女孩叶某某，坐飞机抵达巴黎机场出境时，机场工作人员发现她的入境手续不齐全，警方以非法入境为由将她扣留在机场，小女孩吓哭了。领事馆知情后，即由我带翻译以使馆外交官身份进入机场，与小女孩见面了解情况。我与机场有关部门沟通后，让小女孩的家属补办了手续，机场才放行。

那时候，大使馆的领导干部对温州情况不了解，有天把我叫去谈话，他说："陈锡光，温州人还要不要吃饭？你把二十几岁、三十几岁的年轻人都批准出国了，温州还有种地干活的人吗？"如果是外地人可能就答不出来了，我是温州人，了解情况，又去过乡下，我当时就跟他讲："你不了解温州的情况。温州人口多，劳动力有剩余。"我举了个例子："温州土改的时候，一个人只分到几分地啊！"他这才明白过来，说他们北方人少地多，一个人能分到十几亩地——就觉得我的做法有理。如果不了解情况，我说不出这个道理，大使馆可能就不会同意我这么做，所以了解情况很重要。当然，这也得益于领导的信任，他们信任我才能让这么多温州人顺利来法国。

在我手里批准出国的温州人有几万个。国内上报到大使馆的我一般都同意，后来有些人通过其他途径，比如到意大利后再转到法国的——因为那时候法国的相关政策比较松，这样的我也给批。当时规定出国后必须先到大使馆去，护照上也必须有外交官的签字，所以很多人的护照上都有我的签字。大家都很感谢我，到现在很多温州华侨回国还要特地来看看我。

工作之余，我很适应在中国驻法国大使馆的生活，基本上和在国内一样。大使馆里有中国厨师且是中国一流的厨师。我们吃中国菜不用花钱，伙食比国内还好。有时，大使馆还会放电视，但电视只能看新闻节目，看完新闻立即关闭。后来，外交部耿飚副部长赴联合国开会途经巴黎，他住在大使馆官邸，晚上见使馆工作人员都悄无声息，也不敢看电视，得知情况后，他表示使馆工作人员都有正确的价值观，可以辨别电视节目内容的好坏。从此之后，使馆的工作人员就可以自由地看电视节目了。

我的生活可能比一般的外交官生活内容更丰富。使馆人员除办理日常业务和出席外事活动外，平时很少外出，一般也不能单独外出，业余时间如果想外出散步、逛街，必须两人同行。而我的工作是团结华侨，接触华侨，没事时我就会出去，和司机一起去外边转一转，看一看，和华侨联络感情，参加温州华侨聚会。我和法国的温州华侨交往比较多，与任岩松、左启发、罗周美、潘金照、周世义、陈继光、叶品云等人都有接触。司机也爱跟着我出去，大家吃喝、聊天，很热闹。

有时候华侨的太太还会教我们法语。法语是很难学的，我不大感兴趣，教了几遍，也没学到多少。当然，也同我的工作有关系，我主要还是和华侨讲温州话，所以学法语的积极性不高。对我来讲，工作上不存在语言交流的问题——对象都是华侨，温州话我没问题；国际上的外交活动，则会专门配备翻译。很有意思的是，我的一位翻译后来也当大使了。

在法国的温州华侨我基本上都认识，交往也比较多。那时候有规定，华侨到了法国以后第一件事就是去大使馆报到，温州华侨一去大使馆我就知道了。如果有人拿着护照来法国，不到大使馆报到，那他连定居也办不了；华侨拿着中国的护照回中国前也要到大使馆找我签字，这样才能回到中国，总之一定要经过大使馆！

到法国没几年，黄镇大使就把一个重要任务交给我："华侨在外边要团结，在法国要搞个团体，你一定要把这事办起来！"我就把温州籍华侨聚在一起，组织大家办个华侨会。办这样的社团组织是要备案的，法国政府要同意才会批准备案。但因为华侨会属于团体，政治上比较敏感，法国政府没批准。我就建议把"华侨会"这个名称改为"华侨俱乐部"——俱乐部是搞娱乐活动的，这样就办起来了。

这个团体从筹备到成立的时间很长，因为一开始是为华侨会筹备的，结果行不通就取消了，之后才为华侨俱乐部筹备。筹备华侨会的时候已经有十几个人在做工作了，之后比较积极地跟我做这个事情的人有好多，比如温州华侨叶福澄、杨岳、厉言等人。1972 年，我们正式成立了旅法华侨俱乐部。

在我离任回国以后，有人想成立华侨总会，但成立不起来——因为华侨不肯，他们说"总会"要包括我在内，我是领导，没有我就不是"总会"了。后来没办法，他们就成立了法国华侨华人会。

第一次离任后，华侨联名写信要求我重回大使馆

在大使馆，我还接到过一个印象深刻的任务。有一次，杨振宁博士的父亲患肠癌在上海的医院动手术，急需一种美国的细软皮管和药物。当时，中美尚未建交，杨振宁博士带着细软皮管等物，特地从美国来到巴黎的中国大使馆，请大使馆设法帮助他把物品带到上海机场，然后由他在上海的妹妹到机场取走，并留下了上海那边的联系电话。那时是我去接待的，我当即表示会尽快落实此事，请他放心。

了解到瑞安籍爱国华侨蔡正琛近日回温探亲途经上海，我立刻联系他请求帮忙。蔡先生二话不说一口应承，取走了东西。他飞抵上海后，通过电话与杨振宁博士的妹妹联系后，即乘出租车亲自送到杨家。杨振宁得知有关情况后很受感动，特地从美国寄来一封信表示感谢。

记得还有一次，旅法华侨黄忠英女士和几位女侨胞到大使馆找我反映温州妙果寺的情况。黄女士在1973年初回温探亲参观妙果寺时，目睹妙果寺破损的样子。当时正值"文革"之际，部分佛像被毁，妙果寺后殿被市园林管理处部分工人侵占成为宿舍。她心中不忍，便决心带头出资金修建妙果寺，却又担心别人误解她从事迷信活动，因此希望得到大使馆支持。我对家乡妙果寺略有了解，从小就知道妙果寺是一座著名古刹，里头有一口远近闻名的"猪头钟"，于是表示支持并授意他们联名寄信给大使馆反映要求。收到信后，我向参赞朱琳同志（黄镇大使的夫人）汇报了这一情况。这引起了她的重视，她认为这是一座古迹寺院，应予保护，同意以大使馆名义发函，并附上侨胞的来信，转请国务院宗教事务局处理，后据了解，在赵朴初局长重视并亲自过问下，有关部门批准了修建温州妙果寺的计划。

这件事的顺利进行离不开朱琳同志。在大使馆里，有的大使我接触得少一点，比如黄镇大使，但他的夫人朱琳同志很温和，同我们接触比较多，交流会多一些。有的事情定不下来，我们就去找朱琳同志，跟她说了以后，她觉得有道理就说行。她同意，我们就放心了。1973年，我第一次从大使馆离任，正好和黄镇大使夫妇一起回国。大使馆还在温州老板开的新安江饭店里举行了一个欢送仪式。

第一次去大使馆我是三秘，两年后提为二秘。大使馆有规定，外交官的任期一

般一次是三年，但因为法国的温州华侨比较多，我对他们比较熟悉，再加上大使馆的领导干部对我的印象比较好，我被破例连干了五年以后才离任回北京。

回国之后，其他外交官接替了我的位置，因为语言沟通问题，加上对温州华侨情况不了解，法国的温州华侨感到不方便。一些华侨甚至联名写信给国务院侨办，希望让我重新回到法国大使馆工作。在他们再三要求之下，我再次回到法国大使馆。这也说明我在国外工作那么多年，面对过许多挑战和诱惑，我都经受住了，不然领导也不会放心让我再次出国工作。

1975 年，回国休息两年后，我重回法国大使馆工作，其间发生了几件让我一生难忘的事。同年，邓小平同志访问法国接见华侨是由我来安排的。我们还留下了一张合影。一般国内领导人出国一定要跟当地的重要华侨见面，而法国的华侨以温州华侨居多，跟大使馆关系也好，所以我才有幸能做安排。

1980 年 6 月，时任全国人大常委会副委员长的邓颖超同志率团访问法国。邓大姐非常重视华侨工作，特别关心从台湾地区来法的台胞和留学生，希望了解他们在法国的情况。姚广大使决定由我向邓颖超同志汇报，考虑到邓颖超同志年迈和身体的关系，他叮嘱我汇报时间限在 10 分钟内，要我事先做好准备。我汇报了有 10 来分钟时，大使提醒我不要再说下去，被邓颖超同志听见，她示意要我继续说下去，这样我又继续说了 5 分钟左右。听取汇报后，她对我们领事部的工作表示满意。

午饭时，大使馆安排邓颖超同志在使馆吃便餐，我也被安排与她同桌吃饭。邓颖超同志要我安排一位旅法台胞余千里（旅法华侨俱乐部执行委员）与她见面，见面后她同这位台胞合影留念，我也荣幸地参加了合影。

算起来我一共在法国工作了 11 年半，一次五年整（1968—1973），一次五年半（1975—1981），经历了四任大使——黄镇、曾涛、韩克华、姚广。

温州办大学，多次动员华侨捐钱

1981 年，我第二次从大使馆回国，回到北京原来的单位工作。说实在的，我很想念家乡。在北京，我认识的人不多，关系都比较淡薄，吃东西、买东西也不方便。在温州，我想要的都能买到，特别是我们温州人喜欢吃的海鲜。我觉得我在北京的生活不如在温州丰富。

温州华侨很多，他们回国后都特地要来见我，我在北京的时候就很不方便：一个是从温州到北京的交通不方便；另一个是华侨到北京后也找不到我——我所在的机关单位他们进不去。我不希望华侨由于这些原因和我断掉联系，同时我对温州的情况更了解，所以我就要求回到温州发挥我的特长，把工作做得更好，把和华侨的线重新接起来。

于是我被调回温州，任温州市政府侨务办公室（以下简称"侨办"）主任。这下和华侨联系确实方便很多。因为跟华侨们交流很多，我知道他们都对家乡有很深的感情，也有一定的经济实力，但苦于没有好的方式为家乡服务，我就号召这些华侨为家乡捐资做公益，他们也很信任我，积极配合我。

我的挚友任岩松就是一位热心捐资做家乡公益事业的华侨，他要做什么都会和我商量，也愿意接受我的建议。我还在法国大使馆工作时，有回和他聊天，他结合自身经历说道："一个人没有文化就像一个活着的盲人。"根据他的意愿和能力，我提议说办个学校，帮他牵线搭桥。任岩松后来就给家乡温州捐款，在丽岙镇全资创办了任岩松中学。后续因为各种原因，办学校的资金不足，他又捐了一笔数目接近先前一半的善款。1984年，任岩松中学建成，到现在，这所学校仍然是温州著名学校之一。可以说，任岩松为家乡教育事业做出了巨大贡献。

还有一次，我说服一位华侨吴寿启在梓岙办医院。很不幸的是他在车祸中去世了，医院就没办起来。

我回温州不久，市里又筹建温州大学（以下简称"温大"），但经费不足。我就想到了华侨。我作为侨办主任，带着温大的魏萼清校长在国内募捐。我跟华侨们说："我们是温州人，现在温州要办大学了，这是一件光荣的事。一般的城市是办不起来大学的，我们大家都要帮帮忙！"比较富有的华侨就会捐钱。在国外，我也曾组织募捐，主要是动员侨领捐。

1985年，我陪温州市政府副秘书长吴正平带领考察团到法国考察，他是组长，我是副组长。名义上是考察，实际上是为温大"找钱"去的，因为当时筹建温大的资金还是不够。那次一起去的还有温大姓徐的副校长。我们挨家挨户访问在法温籍华侨。因为和华侨都很熟，所以我也不用多客套，直接就说："温州办大学，没钱了！"

1986 年，我又去了一次法国，还是为温大筹钱，因为第一次出国筹到的经费离目标还差很多。这次我是带着市长卢声亮去的，我跟华侨说："你们看市长都亲自来了，大家再支持一点。"那时候，大家都不是很有钱，温州特别有钱的华侨也不多。没办法，有时候工作方式很"土"，我事先把华侨工作做好，大家开始讨论："办温大要出钱，你怎么样？""我出两百。""不够！你出三百！"就这样凑起来的钱，所以实际上建温大的相当一部分经费是华侨筹集的。

那时候林昌横、任岩松他们表现很踊跃，分别给温大捐建礼堂和教学楼。考察组回国时，林昌横先生托我们带回 40 万法郎交给他的亲属陈安德，转交温大，建立林昌横教学大楼。任岩松先生以个人名义捐资为温大建立起任岩松礼堂，捐赠金额为 54 万元人民币。他们的行动带动了其他华侨。后来，温州大学成立董事会，我被推选为名誉董事。

1993 年，我在侨办退休以后，全身心投入办《侨乡报》、创办华侨华人研究所这些事情，之前都是兼职、挂名，但我主要还是在做沟通工作。有些在法国的侨胞，书看不懂，字也不识，有些事办不了，我就当参谋一样帮他们出主意，把事情办通。

2007 年，我没什么事干就和几位同志一起编《温州华侨研究》，主要是蔡育麟在负责，他是主编，在这方面是内行，我就写写文章。

一家四口人，习惯了分离

我们一家人，真正团聚的时间很少。1964 年，我是一个人去的北京。单位说，明年就可以把我爱人调来。第二年，领导告诉我上面已经同意了，让我赶紧写信给家里，让爱人做好准备。我很高兴，准备都做好了！结果因为那时候好多单位都有调动，一大批人被调到北京，去的人太多了，落户北京就有了新的政策规定。单位领导告诉我，调我爱人来北京的事被卡住了，她来不了。

1973 年，我结束在法国大使馆的第一段工作回国。那两年出了个新的规定，外交官的夫人可以到国外去，有些可以留在大使馆内部工作，不行就在那里待一个月再回来，钱都是国家出的。可是我爱人也没赶上享受这个待遇，没办法，我跟她说："你的运气不好，人就是有运气的。"

陈锡光之子陈伟补充内容

1975 年，我父亲回北京以后又一次要出国。当时外交部要安排一批像爸爸这样表现好的外交官，他们可以带爱人、孩子一起出国。本来我妈是不想去的，她是温州市第七中学的老师，工作很稳定，但听说她和我的妹妹都可以出国，才决定去北京，准备后面一起出国。我就没跟着去北京了，因为我已经 18 岁，独立了，而且当时祖母年纪大了，需要我留在温州照顾祖母，就像我现在照顾爸爸一样。我妹妹那年才 10 岁，还是个小学生，妈妈带着她一起去了。可谁知到了北京以后，政策又变了，妈妈和妹妹都出不了国。但妈妈已经搬去北京了，没办法只能留在那边工作了。妈妈后来就在北京市第六十七中学当老师，那是军队子弟学校，挺不错的一所中学。爸爸和妈妈为了国家外交工作付出了很多，牺牲也很大。

从那时起，我们一家四个人可以说大部分时间是分散在三个地方：爸爸在法国，妈妈跟妹妹在北京，我在温州。我们兄妹俩为了爸爸的外交工作牺牲也非常大——我妹妹从不懂事到懂事的这个成长过程中，爸爸一直在国外。以前的外交官三年换一次，出国三年都见不到，何况我爸爸还是个特例，五年才能见一面。

现在经济条件好，外交官可以带家属出国，利用假期回国探亲，或者家属去国外旅游时探望，但放在以前是根本不可能的事。我跟我爸爸几年才见一次面，因为他外交官的身份到温州来不方便，我要赶到北京去见他。

爸爸以前开玩笑说："工资发过来基本是交给了交通部。"确实是这样，每年往返北京的费用是我们家的一笔巨大开支。那时候，坐一次飞机的钱都得存几个月，不像现在这样觉得很轻松。

那时候通信也很麻烦，跟家里人联系主要靠写信。我给法国的同学写信可以直接寄过去，给爸爸的信却无法直接邮寄，因为国内寄往中国驻法国大使馆的信件是递送不进去的，必须经过外交部中转。我寄给爸爸的信得先寄到外交部在北京的一个信箱，这个信箱里的信就是专门送到中国驻法国大使馆的。外交部有一个专门的信使队，他们会带着这些信飞到驻在国外的大使馆，一个月飞一趟。所以我们的信要是赶不上趟的话就得等下个月。

爸爸所在的大使馆那边也是这样，他们的私人信件被汇总起来交给信使带回外交部，外交部把这些信收集起来交给信使发到各地。信使会定期收信，法国半个月收一次，国内一个月收一次。之所以要那么长时间，是因为信使不只在法国停留，他还要去附近国家的中国大使馆收信。

那个时候我们的交流是没办法很频繁的，可能我把信寄出了爸爸没看到，可能我收到的是爸爸寄的上一封信，弄岔了，无法及时沟通是很苦的。我写信都要写两份，一份寄给妈妈，一份寄给爸爸，爸爸也是这样。这些信我原先都留着，积攒了一大摞，后来因为搬了好多次家，这些信都丢掉了。

1981年，爸爸回到国内，为了和华侨保持联系又回到温州；我妈妈在北京已经工作了多年，妹妹也完全适应了北京的生活，她们就留在了北京；而我不久后出国去了澳大利亚。所以，我们家一直就是这样的"三角"关系。

我是1989年去澳大利亚的，但我出国并没有享受到父亲外交官身份的便利，为什么这么说？因为外交官不能有海外关系，所以爸爸一直要求我按照这项规定做事情。我很早就在温州的中国银行工作了，第一批员工有三四十个人，我的工作证是3号。这三四十个人里出国的有二十几个，也就是说只有少数人留在温州，大部分人都出国了，这和我们温州人出国发展的传统有关系。等到我周边的人都出国了，爸爸还是反对我出国。

爸爸被调到温州任侨办主任以后，国家政策发生了转变：侨办的干部，必须要有海外的关系才能了解到海外的需求。那时候爸爸的思想也跟着转变了，就说我可以出国。

当时，我出国有三个选择：法国、加拿大和澳大利亚。爸爸说澳大利亚气候比较好，刚好我太太有一个亲戚在那里，所以我通过那个亲戚去了澳大利亚。去了以后，我特意到公安局查了一下，当时我住的那片中国人只有12户，共18个人，现在估计有几千个中国人了。那时候办出国手续已经放宽了，尤其是出国留学手续。因为澳大利亚留学政策的优势，上海、北京、广州几万个人选择去澳大利亚。

我去国外这件事，与其说是温州人的传统打算，不如说是我们家已经基本上习惯了分离。因为爸爸长年在外工作，我们学习基本上都靠自己，还好我们没有落后很多。我现在是澳大利亚温州工商总会名誉会长；妹妹过得也不错，她在北京读完大学以后留在北京工作，是北京语言大学速成学院的副院长、副教授，现在她在日本大阪关西外国语大学孔子学院教汉语。

我们家非常遗憾的一件事，是我妈妈的去世。她是2021年走的，爸爸曾在法国待了很久，妈妈也想去法国看看，但这个愿望一直没能实现。

后来，我也去过法国几次，和华侨联系最多的还是在我当了商会会长以后，回温州参加活动时见到了爸爸的那些老朋友。碰到侨领潘金照他们，不知道叫什么好——我们开会都在一起，他们又是爸爸的老朋友，当然，后来他们也成了我的朋友。这些华侨常对我说起爸爸的好，说得最多的就是："你爸爸很受法国华侨的欢迎。"

访谈结束后不到四个月的时间，2022年11月22日凌晨1时5分，陈锡光与世长辞，享年93岁。他留下手稿《我一生的回忆》，本篇口述参阅《我一生的回忆》进行了补充、修订。

包骢

1942 年出生于温州乐清市柳市镇；
1991 年前往英国伦敦，从事国际贸易；
1994 年加入中国共产党；2003 年担任
政协温州市委员会港澳台侨和外事委员
会特邀委员；2005 年与王家骅、陈永
析、方存林等人发起成立英国浙江（温
州）华人华商总会；2014 年回国。

包骢：

海外华人爱国爱家的真诚是很突出、很自觉的

访谈时间：2022 年 6 月 30 日

访谈地点：杭州萧山湘印府

受访者：包骢

采访者：武宇嫱、官万昌、江婧

录音、摄影：江婧

文字整理：官万昌、江婧

童年时期，复杂的家庭关系

我老家是温州乐清的，我的父辈有兄弟三人。长房是我的大伯；二房是我的生父包福生，他在乐清比较有名，原来是工商联的资方主任；三房是我的养父。

我记得我的大伯母是个小脚女人，我年幼时经常跟她住在一起。她生了两个孩子：一个在哈尔滨，是我的大哥，另一个是女儿。后来，大伯母去世，大伯又娶了一个，这在过去叫"填房"。后面这位大伯母现在还活着，她是有文化的，那时候女高毕业的不多，她管家很厉害。

我的生父在我整个成长过程中，提供的帮助不多。他在乐清算是地主兼工商业者，受共产党思想教育较多，是知名的开明人士，他是拥护共产党的，思想比我还先进。

过去的大家庭比较复杂，很重视家族血脉传承，家里没有儿子是不行的。当时三房，也就是我的养父家，没有儿子，原来领养过一个 7 岁的哥哥，后来我也被过继给了三房。1949 年，我的养父出走，有了一个"逃荒地主"的阶级成分，我们就再没见过面了。20 世纪 50 年代，我的养父在上海被抓住了。当时他的身边还有一个太太，我现在对她没有多少印象，她不算是我的养母。我的养母也是个小脚女人，新中国成立后我就跟着她生活。她心地非常善良，是信菩萨的，每天都要念经。我的童年里，每天晚上吃完饭都要到厨房那里跟着她念经。她很乐于助人，邻居有困难会主动帮助。新中国成立以后，她算是地主婆，按理说地主家每天都要挨斗，但她从来没有挨过。我的养母没有什么文化，裹着小脚，一直做善事，与人友好相处，没有矛盾，确实是一个传统、心善的好女人。她是20世纪50年代病死的，她还有个哥哥也是差不多时间得的肺病，放到现在也许可以治愈，但那时候治不好。

我外婆家也是个大家庭，当时我们的生活还是比较富裕的。印象中，我的生母住在柳市正门的一条街上，离我养母家不远，步行大概十几分钟。记得在我小学五年级有一天放学的时候走在街上，她突然叫住我，我们互相都知道对方，但从来没说过话。我觉得奇怪，找我干吗？她家有间包子店，是她后来的丈夫开的。刚开始我对过继的事并不知情，后来他们把这段历史告诉我，我才知道，但我很抗拒，一直也没有与之来往。那时候，名义上我是不归生母的，她没有抚养过我，我们也没有生活上的接触，所以没有感情。突然告诉我这件事，让我感到压力很大。我记得当时我一整晚都睡不着——怎么会突然出现一个亲妈？当时，我有逆反心理，不想认，也认真思考过，认为认了好像对不起养父母，思想上面会有这样一条警戒线。

辍学工作，在运动中坚持学习

我读小学是在新中国成立以后，中学是在温州市第五中学读的，原先学校在汽车南站附近，现在不知道改成什么了。但我的学历不高，高中没上完就肄业了。我没有上过大学，当时考也考不上，正好是处在那么一个历史阶段，索性就放弃了。我1957年下半年参加工作，那时候实行公私合营。我姐夫在第一轻工业局（以下简称"一轻局"）下属的温州线厂当人事科长，他介绍我到这家工厂打工。当时我才15岁，虽然我个子高、身体好、脑子也好用，但是像我们这种出身的小孩，只能当工人。

我是比较好学的人，念书都是靠自己的勤奋，一直坚持念职工学校。那时候工厂对职工的文化培养是很重视的，每个礼拜都有几节课要回学校上，不允许请假，学校也经常跟工厂保持沟通，让工厂这边也能了解职工的上课情况。职工学校我一直坚持念到中学毕业，高中课程上了两年。

工作上，我去过几家公私合营的工厂。先是线厂，后来又去了三板桥那边的毛纺厂，因为都属于一轻局管理，相互是可以调动的。去毛纺厂时应该是1959年，那时候经历的运动叫"上山下海"，后来都叫"上山下乡"了。"下海"只有沿海地区在搞，我们温州人大部分都是往丽水走。当时，我们先到了缙云，但当地的农民不欢迎我们，那边地方上不给落实，只过了一个年我们这批人就整个撤回来了。撤回来以后去了一次云和，当时去的是国营的林场。

林场那里风景好，空气好，住的地方也不错，我现在都还记得。我这个人一辈子都保持着早起锻炼身体、看书学习的习惯。那一年说是去劳动，但具体做什么林场没有给分配，因为林场连自己的员工都安排不了。林场是公用林场，去了就是走一走，根本没有种过一棵树。饭倒是有的吃，这个国家是供应的，城市户口在那时候给的粮食量更多，上山有45斤定量。记得我们工业系统去的人里有10个年轻的女工，加上我年轻的时候也比较活跃，大家关系都很好，女孩子就都把粮票给我吃，我一个月能吃到50多斤粮食，没有挨过饿，我觉得年轻的时候身体好和这个有关系。我记得好像在林场待了一年后，因为政策不落实，整队人都撤回来了。

回来以后市里要给安排工作，因为我是一轻局下属工厂出去的，就把我安排到了温州地方国营毛纺厂。我在毛纺厂待了一年多，碰到三年严重困难最艰苦的一个阶段，国家实在养不了，就只好采取精兵简政，工厂、国企都有，第一批精简掉的就是出身不好的。我被精简掉以后就没有工作了，不过那时候短工是有的，要活下去总得有一点生财之道吧。

但是我这个人适应能力还是比较强，有时候打短工，没有工作就关起门来在家读书。书主要是从学校借来的课本，因为那时候我跟原来中学的老师关系都保持得很好。我这个人读的书比较杂，爱读中国古典文学、近代文学、近代史这些方面的书。人家评价我说："包先生你的文化程度高。"我说："哪里高？我读书都没有读几年。"我的阅读积累基本上是利用年轻时没事可做、整天关在家里的空闲时间。

不过当时也只能看书。

1961 年，我失业了，过了三年左右，我又被重新安排了工作。第一个重新安排的工作我记不清了，好像不是回到毛纺厂工作，我就没有去，自己找了一家企业做过一段时间的工人。后来都是自谋职业，20 世纪 60 年代，我自己赚钱自己花，做一段时间赚一笔钱，这些钱够维持一年的生活，我就不做了，在家里看看书。怎么赚钱，连我自己都忘了，反正坏事是不会干的。像我这种出身的人，受共产党的教育，很听话，很清高，给自己定的规矩就是不犯错误。

我的两段婚姻

我结婚比较晚，30 岁才结婚。当时想找我交往的人不少，但是我比较清高，不是看不上别人，而是有自知之明。我这样的家庭出身，连累人家干吗？所以很自觉地不谈恋爱，其实是一种扭曲的心理。

我的第一任太太也就是发妻，比我小 13 岁。她家里兄弟比较多，有三四个，她是家中唯一的女儿，排行又最小，很娇气，脾气也不大好。她小学毕业，像她母亲一样比较有能耐，再加上从小父母很宠她，兄弟都怕她，什么都是她说了算。

那时候我跟她妈妈在一个工厂里面工作，她妈妈人很好，经常邀请我到她家玩，在她家吃饭，我们关系很好。我太太先看上了我，她父母找我谈话时，我觉得很突然，没有准备好，为婚姻之事考虑了很长时间。

我和她虽然感情很深，但两人一起过日子也很难。不过我比较包容，人家一个小姑娘能喜欢你，为你贡献一切，应当对她好一点。我从来没有对她发过脾气，哪怕她发脾气我也不发，她就没招了。如果两个人都发脾气的话，那不得打架了。她身上中国传统女性的美德是比较突出的，我从来没有说骂过她一句，也从来没有动过手，我们还是很文明的。

一辈子有太多事情，妥当处理好人际关系很重要。我与第二任太太是我在唐人街的一次活动上认识的，我比她大 20 岁。她是北京师范大学（以下简称"北师大"）硕士毕业，曾留校当过两三年老师。像我这样的人到国外，身边不带一个亲近的人就没办法生活，我跟她在一起是当时环境造成的。她英语很棒，大使馆的人都称赞她。我第二任太太参与了我所有的生意，没有她我就不能工作，什么事都做不了，她对我的帮助非常大。

我第二任太太出身于知识分子家庭，她的父母都是北师大的教授，是高级知识分子，她姐也是北师大的老师，他们的思想都很保守。我记得第一次到她在北京的家中，他们都觉得这样的结合很奇怪，但还是同意了这门婚事。我们俩那时也很辛苦，经常跑来跑去。当时，从温州出发去英国要先到北京，从北京出境要飞十个多小时到英国，机场离我们在英国的家还很远，开车要一小时四十分钟。我创业以后发家了，就和第二任太太在伦敦买了一套大房子。英国的房子一般有两层楼，真正的有钱的人都是住独栋的房子。我们家在伦敦北部，靠近不是闹市的马路，很安静。我们家的花园进深 30 多米，宽 16 米，是一座很不错的带花园的三层别墅。我买的时候房子将近 27 万英镑，那时候 27 万英镑是什么概念？我当时就做了一个项目，现在这个项目涨得很厉害。

第二任太太现在还在英国，没跟我回中国。我第一任太太一直在中国，我和她有两个孩子。大儿子在国内自己创业，我把大女儿带到英国留学读硕士，她语言、身体各方面都很好，我现在英国的事务也由她接班，她还是温州商会的会长。大概七八年前，这些生意和组织我都不管了，关系都介绍给大女儿，现在她是温州市政协委员。她从小跟在我身边，也爱为家乡做一些工作，做公益活动，这也是一种家风嘛！现在温州这边经常会跟她联系，都不跟我联系了。我"淡"出来了，我们这一代人的任务完成了。大女儿的个性不像她妈妈，更像我做事的风格，比较激进，所以我跟她沟通很顺利，我们思想境界差不多，经常保持联系；大儿子则更像他妈妈。

我与第二任太太也有两个孩子，也是一儿一女。老三、老四出生在英国，接受的是英式教育，我说的一些东西他们听不懂，交流起来很困难。他们就去过一次温州，他们对温州会有什么印象？我给他们灌输这个思想，他们听不进去，也不感兴趣。他们只知道自己是中国人，是温州人。他们现在都在英国参加工作，不会说温州话，也听不懂，但是永远不会忘记自己是华人。有些家庭虽然几代都生活在英国，但他们祖祖辈辈始终都认为自己是中国人。虽然离开中国了，但根却在这里。

我现在住在温州，还跟第二任太太保持联系。在生意上，我培养了她几十年，现在她做生意也很厉害。现在伦敦远东贸易集团就由她接班了，生意打理得挺不错的。

改革开放，开始自己的事业

"文革"之后我恢复工作，在企业供销科，主要是搞销售、订合同，当时供销科长的职责就是要把外面的订单接过来，维持工厂的生存。实际上，我是一个没有科长头衔的"科长"。那时候我年轻，能力比较强，也善于打交道。整年在外面跑，跟北京那边的电子工业部、设计部、轻工部的关系都很好，认识了一些老领导。20世纪80年代，我每年都被评为"先进工作者"。改革开放以后，我们这批温州第一代企业家马上就起来了。我离开了轻工局，自己搞事业。当时，我办的是私营企业，属于制造业这一类。

开始搞仪器厂应该是在20世纪90年代初。我所在的两个厂一个是温州东风仪器厂，它有三个产品都是列入国家标准的；另一个是温州五金机电厂，具体名称我记不清了，我在这个厂当副厂长，负责供销这条线。我是这两个工厂生产模式的创造者。仪器厂现在还在做，主要是与鞋类相关的仪器。过去做鞋是靠民间手工制作的，后来时代进步了，做鞋有很多讲究，有很多理论和纳入了国家标准的东西。按照这个标准，我们搞了定标的三种仪器，还有很多别的仪器。

我在仪器厂待了两三年，给产品定型并交给他们的领导班子后，我打算今后自己发展。当时我觉得自己充满能量，年纪又轻，在这么一个厂里待下去不行。我个性比较强，离开仪器厂时一分钱都没要。受家庭影响，我从不愿意当领导。即使是我自己创业办的厂也会交给接班人，一分钱都不要就离开了，股份这些也没要，都白送出去。我这个人比较洒脱，拿得起，放得下。后来我就到了杭州搞国际贸易，没有在温州投资，温州资源有限，发展潜力没有杭州大。

20世纪90年代初，出现了出国潮，国家对外门户的政策一开放，很多人往国外跑，我就是这个浪潮中最早出国的那一批，我自己都搞不清楚当初我为什么选择出国。我有两个朋友，一个是瑞安的，一个是乐清的，他们当时都去了英国，偶然的机会我们接触了，他们说："包先生，像你这么有能力的人为什么不出国？你还在国内干吗？出来走一走。"我就心动了，应该是在1991年前出的国。

我在英国待了20多年，基本上都在伦敦，不过欧洲其他地方也都走遍了。我最初是出国去旅游，当年就回来，回国后再出去。伦敦、伯明翰、曼彻斯特这几个城市我都去了。当时出国印象最深的是，人跟人之间很客气。举个简单的例子，像我早上出去散步，在公园里碰到任何人，都会和我打招呼，非常有礼貌，我就开始心动了。

我在英国生活了几十年，没有看到过暴力行为，打架、吵架都没有，这个很不容易。英国人邻里之间有矛盾是不会当面说的，而是让法院递传票给你。通过法律来解决问题是很好的。法官坐在那里，你说你的，他说他的，说完了，法官说这个事情该怎样解决，拉拉手照样好。现在欧洲的乱是带有政治色彩的，但是人和人的关系我觉得还是比较和谐的。

我在去伦敦之前一句英语都不会说，但我胆子很大。我在那边住在一个华人家里，每天就到唐人街的茶馆坐坐，有时候一坐就是一天，在那里认识了很多朋友。我这个人有一点领导能力，惯例是当头的，我的朋友们也有同感，因此建立起一个群体，开始了解英国的我们感兴趣的一些问题。

我觉得英国的商机很多，决定在这里谋生。那时，中国开始发展商品经济，中国市场上许多商品的价格跟西方市场有一个差价，互补性很强。我看到这个商机，觉得做国内进出口贸易不错，能赚钱，所以我就动心思在伦敦发展了。当时我以小商品贸易为主，也做过钢材生意。我对这块业务熟悉后就开始动脑筋建立国际贸易关系，和国内的几家建筑公司合作。后来，温州外贸局也来委托我。那时，温州人去英国的很少，慢慢才发展出一个大本营了。现在，在英国的温州人很多，已经有好多分会了。

入党从政，拳拳爱国心

共产党的教育很得民心，很有说服力，要求个人追求上进，向党组织靠拢。我正式入党应该是在改革开放后，大概是在 1994 年吧。在入党宣誓的时候，要谈自己的感受，我记得我讲了 40 分钟，台下全体鼓掌，我感到很光荣，很激动。我是温州市最早的一批政协委员，温州市召开的重要会议我都会到场，算是一个代表人物。每年政府有什么事情要开会，都指名要我在会上发言。

我是英国温州华商总会的创始人，因此我又代表英国的温州商人。温州市里有事情会找我，每年光是温州的出国考察团就有两个，都是我接待的。老家政府出来的团我得接待好，不仅要让他们住得好，还要全程负责陪同。考察团全部行程历时一周，在英国伦敦待两天，再到伯明翰、曼彻斯特、格拉斯哥去一下，其他一些小地方就不去了。我记得温州最早去英国的团有 7 个人，12 天全程都由我陪同。政协原主席江云峰等人去英国也是我接待的。那时候我确实为温州做了很多工作，为华人做了很多事。我赚的钱很多都花在这些上面了，实际上也是在做公益。我还在英国的时候，温州那边遇到问题也会先找我，大使馆有事也找我，我一辈子就这么忙忙碌碌过来的。

英国温州华商总会是我发起成立的，是在中国大使馆正式挂牌的，名气还挺大。商会规模有 100 多人，开年会时很热闹。我任会长的时间比较长，从 20 世纪 90 年代成立到 21 世纪我还在任。每年，大使馆都会有很多事情要我们做的，大使馆举行活动前会通知几个主要的商会。举办活动的钱大部分都是从我自己口袋里出的，这么多年花了几百万元是有的。有时候一场比较大型的活动，就得花一两万英镑，那会儿英镑与人民币汇率最高时达到过 1:14。一场活动花几千英镑很正常。我们既然已经立住脚了，也能赚钱，花点钱就花点钱吧，会长总是要出钱的。

我是温州人，家乡人有事希望我提供帮助，我都会尽力去帮。海外华人爱国爱家的真诚是很突出、很自觉的，并不是一定要有什么目的，我为家乡做一点好事是应该的。我对老家也比较关心，经常去了解家乡情况，温州发生了什么大事，我每天都要在网上搜一搜，已经成了一种习惯。国内对华侨有个称呼叫"爱国华侨"，前面给你加上了"爱国"两个字。我在英国这么多年，一直没有入英国籍，这是我的原则。老一代的企业家、老一代的侨领都比较爱国爱乡，几十年都是这样。虽然跑来跑去，但根还在温州。

叶落归根，打算回老家养老

回国后，我在杭州生活，杭州的居住环境不错，空气好，我住的地方离市区远，好在现在有地铁出行很方便。我现在活动少，早晚出去散散步，市区也不大去。我有叶落归根的想法，老了还是想回老家乐清，只是具体怎么安排还很难说。我现在觉得国外也没什么好的，待了几十年也就这个样子，老年人待在那里很孤独。另外，我英语不太好，出门要有人陪同，生活也不适应，对我来讲根本没有可融合接近的东西，就算我在英国待了几十年，也还是很难融入英国社会。所以，我认准老了以后要回中国养老这件事，只有旅游时会在英国待半年，要全年待在英国我也不喜欢。

因为在白人社会里有一种说法叫"真正地道的英国人"，从中可以看出种族歧视还是很严重的。英国人表面上非常礼貌，但是他们内心还是排外的。我们在那里生活了几十年，和邻居最多就是礼拜天修整花园的时候，隔着木板踮着脚交流一下，没有专门的深入的交流。我们和华人之间是有互动的，我们住的那条街上有好几户华人家庭，逢年过节或者休息日，会互相邀请到家里坐坐，大家关系好就一起吃顿饭。

我回来之后主要是休养，忙了一辈子，不想工作了。但如果温州市政府找我，能帮忙肯定还是会帮，自己不直接参与的也要资助，不过我已经很少去参加活动了。我算是比较会保养的人，生活习惯很好。我每天早上 6 点钟醒来，生活很有规律。在生活自理方面我没有问题，思维很正常，身体条件也好。

本来我的计划是想明年最后再去一趟英国。今年从英国回来以后，我不想在杭州待了，想搬回老家住。我很适应在乐清的生活，虽然离开几十年了，但有一种亲切感。我大前年回去过一趟，乐清老家的房子都还在，建筑质量很好。包氏大宗有钱，祠堂修得很漂亮，里面有休息室，有桌椅板凳。像我这个辈分的，回去也是稀客，大家都对我很热情。没事我就往祠堂里一坐，聊聊家常，老人之间有交往，那些老同学也都在。

林德宪：故乡是一生的思念

林 德宪

1943 年 1 月生于温州鹿城区。毕业于温州中学，先后在温州橡胶厂、温州市华盖小学、温州市教育局工作。1981 年赴美，与阔别 30 余年的父母相见。后在美国经商，创办房地产企业，是华人进军美国房地产行业的先行者。关心国家建设，热心侨务工作，曾任温州市政协海外特邀委员，美国浙江同乡总会总顾问、主席，现为温州同乡会元老会主席、南加州华人社团联合会荣誉主席。

访谈时间：2022 年 11 月 26 日、12 月 2 日
访谈方式：线上会议
采访者：林德宪
访谈者：金丹霞、许林狄、李露露
文字整理：许林狄、李露露

父母曾参加抗战宣传

父母生了我们六个兄弟姐妹，大姐林莉蕙大我一岁，大弟林德政小我三岁，二弟林德法小我六岁。父母亲到台湾后，又生了我三弟林德治和小妹林莉莱。

儿时我家在老城区东门外，记得华盖山后面有一条护城河，现在是环城东路。海坛山和护城河之间有条上岸街，我家就住在那条街上。

我的曾祖父是福建莆田涵江人。清同治年间，福建莆田出产桂圆，我的曾祖父便把桂圆运到温州来卖，他们也是在那个时候移居温州的。因为温州多渔港，很多渔人需要铜丝、铜钩，所以我曾祖父还做铜具生意。我祖父两兄弟一起做生意，当时家里还有一艘用来运货的机帆船，生意做得比较大。

我父亲林成章从小生活条件优渥。后来，他在温州市第一中学（今温州中学，以下简称"温州一中"）读书时，被选为学生会主席。十六七岁时，我父亲正在读高中，日本商人在温州市南北大街（今解放街）上承租了一幢小楼作为经商之用，人称"东洋堂"。温州要修路，周边其他的商店都被拆掉了，就剩东洋堂，日本商人以各种理由阻碍房屋拆除，当时的政府也不敢拆，这给大家带来极大不便，老百姓十分气愤，说日本人欺人太甚。我父亲和他的同学胡景珹都是学生会骨干，组织同学们一起捣毁了东洋堂。日本人不肯罢休，去找领事馆照会地方政府理论，这是

少年林德宪与奶奶合影

抗战全面爆发前的事情，被称为"东洋堂事件"。后来，日本人以外交纠纷为由把胡景瑊和我父亲等人抓了进去，地方绅士将他们都保了出来，胡景瑊就跟共产党打游击去了，我爷爷胆子小，他认为我们家是做生意的，不搞政治，于是便把我父亲送到上海大夏大学（今华东师范大学）读书。

那时，社会上比较有觉悟的年轻人已经开始分流。有的人分流到共产党这边，开始闹革命，非常艰苦，胡景瑊就是在那会儿加入的游击队，后来成为新中国成立后温州市第一任市长，他的同学林义圃是丽水的第一任专员。我父亲到上海读书后，遇到了从美国留学回来的乐清人倪文亚教授，因为是同乡，他和我父亲关系很好。也是在那时，我父亲接受了孙中山先生的"三民主义"思想，加入了国民党。

父亲毕业后回到温州，结识了当时温州驻军74军107师的师长夫妇。驻军大部分是湖南省的部队，驻防城区、乐清、瑞安等地，107师的师长太太也姓林，还认我父亲当义弟。因为我父亲始终抱着一个坚定的念头"我们的部队一定要抗日"，林太太便邀他加入107师部队。20多岁的父亲加入107师后被授予少校军衔，成了师部抗敌剧团团长，负责宣传、动员抗日。当时，温州的抗日热情特别高涨。

我母亲沈文兰，16岁上高中，因歌唱得好，加入了话报剧团，这是当年的学生自己搞起来的剧团。后来，抗敌剧团招收演员，我母亲那会胆子也比较大，"傻乎乎"地去考了，她当时唱的是《放下你的鞭子》。抗敌剧团里还有个潘炳文叔叔在剧里扮演拿鞭子的老头，我小时候他经常来我家看我。这个抗敌剧团不仅在温州公演，还会下到农村鼓励大家抗日。

邻居家孩子叫我"台湾"

我生于农历壬午年十二月，即公历的 1943 年 1 月。1949 年时，父母亲离开大陆前往台湾时，我虽只有七岁，但还是有一些记忆的。

记得我母亲走的时候是年底。我奶奶坐在我们家一张很大的床上，那是明清时期带有雕刻花纹的坛床。我母亲抱着我年仅一岁的二弟，大弟、大姐和我都站在一旁。后来母亲告诉我们，奶奶不肯去台湾，因为祖父去世的时候，虽然她才三十几岁，但那时她就已经把棺材、寿衣都置办好了，做好了随时可能离世的准备。奶奶说："我要守着这口棺材，我已是活死人了，什么地方都不想去。"日本人攻打温州时，温州曾经沦陷过三次，奶奶一次都没跑过。她老人家还说："现在共产党和国民党是兄弟，日本人我都不怕，还怕我们自己人吗？"

于是乎，我母亲便让奶奶选择想要哪个孩子留下来陪伴左右，当时奶奶用手指了指我，人的命运有时只在一刹那就被改变了，奶奶这一指，导致我从此和父母、姐弟分开 31 年。我记得在我赴美与家人团聚后，有次到台北去，大弟林德政在台北的圆山大饭店请我吃饭，餐桌上我和他开玩笑道："如果奶奶的指尖移动 45 度，那你就是我，我就是你。"

小时候我很顽皮，六叔喜欢管我们，平时很严厉。我母亲带着姐弟离开我去台湾那天，六叔对我特别温和，说我是世界上最乖的小孩，那时我感到非常奇怪。我坐在我们家店堂内的大楼梯上，看母亲坐上大门口的黄包车，车子逗留了很久。母亲骗我说要带姐姐和弟弟去上海看外公、外婆，我也想跟着他们一起去，母亲以我六岁时已去过上海外公家为由让我留在家中。于是，我晚上很安静地睡在奶奶的床上。不承想他们这一去好久没回来，当邻居家跟我一起玩的小孩叫我"台湾"这个新绰号时，我才慢慢意识到他们原来是去了台湾。

我们家族一大家子住一起，大家都知道这事，但不明说，很忌讳提。在当时的政治环境下，只要别人听说我父亲在台湾那边当高官，都会选择跟我们划清界限。

我那时已经读书了，五岁起跟我姐一起去育英小学念书。她走后，我就没有人同行了，当时我大大（温州话中对大伯父的称呼）的一个儿子叫秉生，比我大两岁，在东南小学念书，他舅舅是东南小学的校长。我奶奶就让我跟他一起上学，我转学到了东南小学。

我留在奶奶身边，两人相依为命。我也没有地方抱怨，只能找一个角落自己躲在暗地里哭，可以说是孤苦伶仃，楼梯口的一个角落是我唯一可以哭的地方。这种状态持续了好几年，这对一个小孩心理上的伤害是很大的。我本来是个很开朗的人，因为这件事慢慢变得沉默，像个小老头一样。

历史的错误带给我们的伤害是非常大的，但好在我受伤之后会自己治疗。一直到初中，我都非常软弱，意志力不强，好像随时会崩溃一样。后来我意识到，作为一个男人不能这样，我要学会面对现实，所以我在课桌上刻了 6 个字"时刻锻炼意志"，作为自己的座右铭。从初中三年级到高中，我都把这 6 个字刻在桌子上，激励自己，抵抗因身世问题带来的消极情绪。这 6 个字一直陪着我成长，我凭着自己的智慧适应了周遭的情况，往后不仅坚强地活了下来，而且活得还比较好。

高考"不宜录取"

我读小学时，三年级、四年级的教室离得很近。一个老师在三年级的教室教十分钟，然后让大家写作业，再到四年级的教室让学生把书翻开，这在那个年代很常见。当时的教育制度很混乱，一会儿是春季班，一会儿春季班改秋季班，我小学毕业时是春季，正好碰上改秋季班，要多等半年才可以进入永嘉县私立建华初级中学（今温州市实验中学）读初中。

我奶奶跟我叔叔说："小孩子半年不念书，没有老师管教会变坏。"那时候有一种学社，类似于补习班，我们家有个邻居在学社当老师，他不是教书的，是搞武术的，会打南拳。我那段时间整天跟他学打拳，很好玩。我六叔喜欢打太极拳，他让我站在墙根半个小时不动，用他的话说叫"练定劲"，说这个学好了以后可以练童子功。半年时间就这样飞快地过去，这段经历也锻炼了我的心志，想来很是有趣。

我奶奶坚持让我读书，我六叔不赞同，他觉得这样的家庭成分，读了也是白读，但我喜欢读书。我常借《水浒传》《红楼梦》《西游记》《三国演义》等名著来看，有次去学校图书馆，我跳起坐在桌子上，跟图书馆的傅一清老师说："傅老师，给我拿本'水许'。"他拿了本诗选给我，我说："不是这个，不是这个，是那个'水许'。"傅老师哭笑不得说道："不是'水许'，是'水浒'。"

1957 年我读初三时，念书成绩好，名列前茅。我们初中段同学的年龄相差很大，我是最小的，十三四岁，有些同学二十来岁，有的已经有老婆了。我们化学老师是一名共产党员，平时我常帮他做实验、做标本。临近初中毕业，开始了反右斗争，我们班主任被打成了右派，大家聚在一起讨论"反右斗争怎么样"的话题，我就把《人民日报》上的社论背给大家听。化学老师听了直说："林德宪政治水平真高！"

平日里，我会习惯性地把《人民日报》社论拿来背诵，我不懂什么政治，就是单纯爱念书，从头到尾背下来，觉得很有意思。那时和我一起的还有温州中学原校长金嵘轩的孙子金恒哲，别人看我们俩很奇怪，专门挑别人不会背的东西来背。实际上，我并不懂，但由于我成绩好，尊敬老师，后来就受到老师的推荐："虽然林德宪家庭成分不好，但《人民日报》的社论都会背，他政治观点和立场正确，比共青团员都好。"就这样，我考上了温州一中。在当时的社会背景下，我这种家庭成分的学生能考上了温州最好的高中，我很开心。

在中学里，我遇到了恩师戴学正老师，他画画很好。第一堂课他就说："我过去做老师，由于学历不够无法当中学老师，但后来因为字写得好又当上了中学老师。"我那时候字写得很差，戴老师看我画画好，收我为入门弟子，我就跟他学山水画。所以我高中毕业前两个月，参加了浙江美术学院（今中国美术学院）的专业考试，初试通过了，复试政治审查时，浙江美术学院的老师笑了笑，让我回去等通知，然后就没有结果了。

林德宪（左一）与父母合影

　　我第一次明确自己父亲的身份是在1957年。那年我刚刚读高一，需要填写档案材料，我不知道父亲的工作，叫我四叔帮我填，他说："你父亲是国民党74军107师少校团长。"我大吃一惊！心想这个成分不是不好的吗？那是我第一次知道父亲的身份。

　　我从前不知道父亲过去的其他历史，也没有长辈告诉我。但我知道他是抗日的，解放战争时期，我父亲已经在台湾了，他基本上没有参与什么政治活动。后来即便国内动员他回来看看时，我父亲还是有顾虑的，因为他在国民党做过"官"。直到统战部领导说："林成章先生过去是抗日的，爱国的，而且根本没有参与过打压共产党的事，欢迎他回来（温州）看看。"他才第一次回来。

　　1960年，我从温州一中毕业，正值国家三年困难时期，吃饭都吃不饱，更别说教育经费。我们班五十几个学生，有些人被保送到部队里去了，有些人去了江西开铀矿，还有些人考到了杭州大学中文系。当时有13个人不能上大学，后来内部表格泄露，大家看到了上面有四个字"不宜录取"，其中也包括我。我们这13个同学不能去念大学，但大家成绩都很好。我是全班前十名，物理、化学、几何、代数那时"专区统一考试"四门平均分数是 97.3 分。有个同学张力学全校第一，平均分 99.5 分，他也不予录取。我记得他年纪比我还小三岁，高中毕业时只有 14 岁，非常聪明，就因为他家是乐清的一个大地主，当时没能考上大学。1977 年恢复高考，张力学考上了北京师范大学。当时的风气，同学们都说，一定要学数理化上大学，不然没有别的出路。我想当科学家、画家，由于成分问题，这些梦想都破灭了。

当时，有两个高我一届的同学叫陈信德和章孟真，他们在温州市图书馆做义工。我没事的时候就去图书馆看书，一待就是一天，托尔斯泰的《战争与和平》、屠格涅夫的《贵族之家》等名著都是那时候看的。在杭州大学中文系读书的同学还把大学教材寄给我，那些课程我差不多一年多就全部念好了。虽然我只有高中毕业，但是我现在还会写文章，这些都得益于自学和看书。后来我的同学都说："你这个理科生怎么文学水平比我们还高？"

从工厂学徒到小学老师

高中毕业时，我家是非常困难的。三年困难时期，很多工厂倒闭，我们这些高中毕业生就找不到工作了。当时，我还去温州一一八医院做基建工挑黄泥，挑一天几毛钱，挑了一个礼拜，工头跑了，最后我一分钱没拿到。住我家对门的一位与我一起挑黄泥的同学，选择回家躺在床上，整天看着天花板，看了几年之后精神失常了。

过去不单大学毕业有分配，高中毕业也有分配。学校校长人好，看我和我奶奶没有生活来源，告诉我们说教育局要给部分同学分配工作，让我到教育局去争取。分配名单上有 6 个人，除了我，还有大学读了一半回来的陈信德和从南开大学回来的章孟真等人。教育局分配我们 6 人到温州橡胶合作社（后更名为"温州橡胶厂"）工作。

当时，国家工资标准是大学毕业 33 块钱，高中毕业 28 块钱。我们拿着教育局的介绍信，找到了温州橡胶合作社，还有五六个初中毕业的女孩子也被分配到这个地方。橡胶合作社生产的是做布鞋下面的橡胶底，还有机械垫圈，也做儿童胶鞋。

我被分配到金工车间，一个月之后发了 14 块钱的工资，比教育局讲好的 28 块钱少了一半，我们跑去问厂长，他说："你们刚进来的先要当学徒，你到金工车间做有技术含量的钳工，我们给你 14 块钱，没有技术含量的给 13 块钱。"大学肄业的章孟真就只有 13 块钱。我们反问："介绍信上写着 28 块钱，怎么减半了？"厂长最终以"国家困难"为由打发了我们。我们不肯，面对减了一半的工资，还是和厂长闹了一通。

有几个同学果断走掉了，但是我无处可去，且钳工在钢板上刻模是个技术活，能学到东西。我们商议去温州市政府反映情况，我说："如果教育局当时说，我们过去当学徒的话，我们没意见。但当时上面说好的是 28 块钱。"温州市政府办公室主任是一名退伍军人，他到我们橡胶厂来协调。

我们之所以觉得不公平，反应这么强烈，主要是因为那时橡胶厂从上海请了一个和我们差不多年纪的人，他的工资是 80 块钱。他是上海一家橡胶厂技术工程师的弟弟，没有学历，初中还没有毕业。他就是把一个秘密配方拿过来，每天只要到楼梯下一个小房间里把配方配好，一个月就可以拿到 80 块钱。这件事对我们刺激很大。后来，厂长说 14 块钱工资不变，但每个月会有奖金。有的人一个月奖金就可以拿到二三十块钱，这才平复了我们的怒气。

之后，温州市教育局有两个教师岗位空缺，我们橡胶厂计划调两所文化程度高的人过去，厂长举荐了我。因为我理论讲得好，政治上也抓不住我的把柄。还有一个就是在南开大学读了两年书回来的章孟真，我们两个人都被调到了教育局。

教育局人事科科长人蛮好的，后来在"文革"中我还帮过他。当时有两所中学有岗位空缺，本来要分配我去藤桥中学，让章孟真去西岸中学（今泽雅中学）。我心想，如果我去藤桥乡下就没人照顾我奶奶了，父母亲把我留下来就是让我尽孝心，这个任务还没有完成。但市内可以选择的公办学校已经没有名额了，只有民办小学。我没办法，说："只要能留在城内陪我祖母，分配到民办学校也可以。"当时有四个辅导区——城东、城南、五马、城西，我们家是住城东，我就分配到城东的华盖小学教六年级一班。

当时国家教育经费不够，学校多是民办的。我所在的华盖小学就是民办小学，一个月工资20块钱。那时候我教书从没有备课，拿本书看看基本上就开始教了。

我年轻时个子很高，穿蓝色的衣服，戴一条围巾，像五四运动时的青年，同学们都很喜欢我，说："林老师是温州一中的。"但他们也有调皮的时候，整天吵着让我讲故事。无奈之下，我只好给他们讲《一千零一夜》，讲了三天，同学们听得正上头，到了第四天，我讲了一个课文中的故事，问道："同学们好听不好听？"他们都说好听。我说翻开书本，同学们这才发现我讲的是课文。遇到学生不认识的字，我就让他们写到黑板上，每次都能写满黑板，我再叫学生一个个上来认字，慢慢地，同学们念书变得积极起来。

那时候老师都很重视升学率，教50个学生，其中有20个能考上中学，说明这个老师很有本事。我教的班级很多，后来教育局一些辅导老师就来听课，觉得我的教法新奇。过去中学考试，老师要猜题，基本上每次作文题我都能猜中。我的很多学生都考上了温州市第二中学，其中有一个叫林培云的学生后来当了温州市副市长，还有学生后来做了温州财税局局长、广电局局长的。

华盖小学的校长一定要评我当温州市先进教育工作者，但遭到我们学校辅导区某些领导的反对，他们说我成分不好，不可以当先进工作者。校长坚持推荐我，后来他被以"阶级路线错误"为由调职了。再后来，"文革"开始，为了避开冲击，我又被调回橡胶厂继续当工人。

与地主女儿"凑"成家庭

我觉得这一阶段的自己像一粒蒲公英的种子，歪歪扭扭，但也能从石缝里长出来。那时候温州橡胶厂已搬到吴桥，有500来名工人。"文革"时，温州有两派，两派打得很厉害。其中一派上台后，老厂长说："老的员工调走了，老书记病假了，工厂里有些东西都没人搞，把林德宪调回来吧。"那时候，我正在教育局的四楼办《教育改革报》。

1968年，当时的教育局局长李方华，过去也是我们温州一中的校长，他说：

"我们搞教育改革，要办一份《教育改革报》，组织局长、校长等文化程度较高的人来进行教育改革，希望把年轻人动不动就打砸的思想给纠正过来。"搞教育改革属于教育方面的技术性问题，要思考怎么让学生真正愿意去念书。那时，我在东风小学当校长，就被推荐去办这份《教育改革报》，我当主编，著名画家吴思雷当美术编辑。但没过多久，《教育改革报》就在路线斗争中被迫停刊了。

教育局局长李方华遭到批斗。那时有几个二十几岁的年轻老师很正义，想组成战斗队反对这种做法，邀请我时，我犹豫道："我不行，我不敢。"我压力很大，但那时教师必须要站队，我还是选择了参加战斗队。不出所料，"打倒台湾分子林德宪"的大幅标语立马滚滚而来。

我决定避开，于是设法回到橡胶厂。对我来讲，我的观点始终跟《人民日报》《红旗》杂志的观点保持一致，其他打来打去的事情，我是绝对不参加的，我成了"逍遥派"。在那么一个是非颠倒的时代，我坚持善和恶的标准。一个人的善意可以救人，一个人的恶念也可能毁灭人。李方华被批判的时候，我和几个老同学去看他，他被关在市政府的一个"牛棚"里，我们拿了一些东西给老干部吃。后来，批斗到橡胶厂人事科长时，我站出来替他说话："他只是具体办事的，又不是什么反动派。"后来我调回橡胶厂的时候，这位科长把我的工资从20块钱加到22块5毛钱，他说这是粮食补贴。那个老厂长一看我的工资是22块5毛钱，又加上了2块5毛钱的补贴，变成25块钱。那时候，1块钱可以买10斤米，一个月拿25块钱工资就很不错了。

在橡胶厂，我主要是写写"抓革命、促生产"的标语，从事文字方面的工作，我把工厂里的好人好事写下来投给报社，结果当时的《浙南大众报》就是后来的《温州日报》刊登了。厂长想让我做政工组组长，被我婉拒。后来厂里又问我要不要当金工车间主任，我说这个可以。那时有两个金工车间主任：一个是我的师傅，他技术最好，另一个是我。

技术革新是我在橡胶厂的一项重要工作。橡胶厂里有一个工作流程，鞋子做好以后，趁着橡胶是生的，贴上边条，再用脚压一下气缸阀，让机器把胶鞋压实。好几个女工怀孕时做这个工作都流产了，对女工身体损伤很大。我和电工商量一定要想办法实现车间自动化，得到厂长支持，派我们到上海橡胶一厂去学习自动化射流技术，这种技术在当时国内是最先进的。学会后，我在厂里花了好几个月时间将这种技术应用到车间，极大地解放了劳动力。射流技术成功应用后，工友们说："林德宪很厉害，把这个技术更新成功了。"我说："不要声张，不要声张。"从那时起，"高调做事、低调做人"的准则伴随我终生。

"文革"时期，有人在我家门口的墙壁上贴大字报，当时我的情绪很失落。但我想，我虽然不能加入共产党，但我可以做共产党的同路人，我愿意为国家和人民奉献我的能力和智慧。

很幸运，我在橡胶厂认识了我太太林培影。我高中毕业被分配到橡胶厂时，我太太已经在里面工作了。她负责做鞋帮，技术很好。她和初中毕业的人在一起工作，但她的工资比一起工作的人都高。我那会儿不敢同女孩子讲话，只记得她辫子粗粗的，看起来很乖的样子。她经常到上海去学习，学成后回来做胶底，我们厂生产的胶底在当时是很好的产品，其他温州皮鞋厂的胶底都是我们橡胶厂生产的。

有一次，老厂长问我打算什么时候成家，我说："我没攒下钱，怎么能成家呀？我养得起吗？"他说："我们厂里面这个女孩子不错，做事情认真，家庭成分和你相近，是青田的大地主，你们两个凑凑吧。"

后来，我们工作上碰到了，她那时候是技术工，工资比我还高。起初她不同意，说夫妻两个人在一个单位工作不好。后来看我这个人还蛮好的，我见了她父母，她见了我奶奶，就定下了这门婚事。

关押在厂里接受审查

1976 年，"四人帮"被打倒了，"文革"结束了。两派都说自己是革命派，原来的老厂长被另外一派压下去，现在这一派又把矛头指向我们，他们说："你们就是'四人帮'一派的，我们要斗你们。"老厂长和几个从工人升上来的委员，被强制关在厂里隔离，我因为在老厂长在任时做过事，也要接受审查。

实际上，审查过程中也没有发现我什么罪状。之前两派斗争，我基本上是没有介入的。他们召开会议叫我揭发老厂长，我认为做人不能这样，我要对得起我的良心，老厂长对我可以说有知遇之恩。他是共产党员，他为国家付出，没有什么错误，"文革"期间厂里没有祸害什么人，没什么可揭发的。我又不是共产党员，我就是帮厂里面做点事，平时修理机器，而且身为车间主任，一直在研究技术革新，基本上脱离了政治方面的工作，但对方还是不依不饶。

迫于审查压力，我后来干脆不去上班了，开会我就请病假。后来，我逃到青田山上去，东躲西藏了半年。有一位跟我同时进厂的工友，也是温州一中毕业的，比我高一届，他很幸运地跑掉了，那些人也没有抓到他，他太太在温州第一医院工作，那些人拿他没办法。但我太太和我同在一个橡胶厂工作。他们开始迫害我太太，取消我小孩念书的资格，扣住我们的户口簿、粮食簿，想尽各种办法企图让我回到温州。我太太当初不愿意嫁给我，还真有先见之明。

半年之后，夺权的一派内部争权夺利，这场风暴已近尾声。我太太便放出消息说，林德宪下个礼拜准备回橡胶厂了，要他交代什么都可以，但是不能伤害他一根毫毛。新厂长的保镖是一个驼背的农民工，力气很大，是我朋友的朋友，他答应道："包在我身上，我保证他的人身安全。"我太太这才放心我回厂里去。

我推着自行车带着包袱走进橡胶厂，被关在一个小仓库里。他们说："林德宪是老厂长的亲信，要批判他。"化工局过问了这事，问："他有什么问题？没有证据不可以审查。"他们仍不死心，发明了"个人学习班"，目的就是不让我回家，一个人在那里"学习"。

大概过了半年时间，他们也没有办法再把我关下去。之后有了新规定，私自关押的做法行不通了。他们让我回家，我倒不愿意回家了，我觉得住在厂里还蛮舒服的，太太经常送炒米粉给我吃，工友们也会送来点心，我都吃不完。

随着国家改革开放步伐的不断推进，贸易也发展起来了，很多有技术的人得到重用。我太太做了几十年的胶鞋，技术过硬，新书记就安排她做技术科副科长。当时，温州市里有一个新的产品叫"登山鞋"，要向美国和欧洲出口，十分考验技术，工作组让我太太负责登山鞋出口的事。

1992 年，我们出国 10 年后，我和我太太陪我父母回国探亲，温州橡胶厂专门召开了隆重的欢迎会，对我作了一个历史交代。

怀着忐忑的心情只身赴美

1978 年，中美尚未正式建交，上海、北京等地也没有设立正式的美国大使馆，持有美国"绿卡"的华人只能前往香港办理签证。大姐林莉蕙从台湾前往香港中转办理签证的途中打来电话，和我取得了联系。当时，我太太林培影的姐姐林蓓蕾、叔叔林赛圃也在香港办理签证手续，他们在香港碰了面，从此我家和我太太家亲戚间的走动开始频繁起来。

1979 年初，随着中美建交后两国关系的进一步改善，我出国的计划开始有了苗头。父亲委托我的二弟林德法帮我办理移民，我二弟一岁便随父亲到台湾生活，品学兼优，成了环境工程领域的专家兼工程师，后在美国密歇根州工作。考虑到当地保守的社会氛围，他担心我届时面对陌生的环境及语言很难找到工作，特地赴纽约与我太太的叔叔林赛圃和姐姐林蓓蕾一家商量。他们在纽约分别经营一家礼品店和一家花店。

我二弟说："现在我正着手办理我大哥和大嫂一家的移民签证，他们初来美国的生活是否可以帮忙安排？"他们一口答应："没事，来了只管住我们家，工作马上就有。"我二弟安排妥当便答复父亲，父亲心头大石才算落下。

父亲当时已经退休，参股台北某知名电影公司担任财务董事一职，为了能和我早日团聚可谓煞费苦心。他在寄给我的信中写道："电影公司投资已经失败，我现在手头其他没有，但还有一块地，且市场前景较好，现今友人正邀我共同开发，预计未来效益很可观。"面对父亲的状况，我认为出去后还是要自食其力，物质上不能总依靠家里人，后来即便父亲特地为我在美国密歇根州设立了林德宪专属基金，我还是坚持日常开支靠自己。

1980 年，根据当时的美国移民法规定，已办妥移民手续的公民不能以探亲名义出国，只能在所在国排队等签证。急于出国团聚的我决定全家"兵分两路"，我带 11 岁的大儿子去上海办签证，我太太带小儿子到北京办签证，试试能不能签下来。结果我在上海办签证时，签证官的答复是："你已办妥移民手续，按正常流程需要排队，但你与父母亲已有 30 余年未见，出于人道关怀，我同意你一人赴美国探亲。"

在北京携小儿子办签证的太太向签证官如实说了我已获批探亲的事，他们的签证申请遭拒，大使馆表示等我探亲结束回国后，他们的签证再另行办理。

我拿到了签证，内心却忐忑不安。无奈之下，一家人聚在一起商议此事，我心中的顾虑是，万一我去了美国回不来，自己和家人又会相隔两岸，上一辈人的剧情，万万不能在我们这一辈重演。我太太毅然说："你放心，批准一个走一个，你只管去，这个家交给我。"听她一席话，我心中感慨万分，自己去美国赚到钱后一定马上回来接妻儿。1981 年 5 月 20 日，我怀着复杂的心情，登上了泛美航空公司的飞机飞往大洋彼岸。

情不自禁跪在父母面前

抵达纽约下了飞机后，我见到了特地前来接机的我太太的叔叔林赛圃和姐姐林蓓蕾一家。初见亲友，我并没有特别开心，我说："我自己倒是来了，但是我太太、小孩还没出来。"一旁的林赛圃安慰我道："没事没事，我这边有律师可以帮忙。"住在密歇根州的二弟林德法得知我已顺利抵达纽约，一切安好，便也放下心来。

初到美国，旁人都劝我不用着急，刚来美国不用急着赚钱，可以先休息三四天，时间还长。我却并不想在家里闲着，第二天就到礼品店上班去了。

身在台湾的父母得知我抵美的消息后，异常激动，迫不及待要与我见面。他们从台湾飞往芝加哥我小妹莉莱家，并由我二弟德法开车接至纽约亲友家中。当时见面地点定在纽约森林小丘（地区名）的管妈妈家中，管妈妈是父母在海外的好友。

1981 年 6 月底，我怀着激动且复杂的心情在管妈妈家二楼等候父母的到来。32 年前那个年仅一岁的弟弟德法与我再见时已长大成人，他第一个飞奔上楼，一见到他，我们便紧紧相拥在一起。从弟弟口中得知父母在楼下，我三步并作两步，跨步跳下楼梯，飞奔出门。当我看到从车里缓慢走出来的父母时，完全无法控制自己，情不自禁地单膝跪在了父母面前，电视剧般的情景引得旁边散步的美国人围观，母亲也抱着我哭。当我起身时，那条跪地的裤子膝盖处沾满了机油，这条裤子成了我们阔别 32 年后团聚的见证，至今收藏在家中。

在后来的交谈中得知，这 30 多年的时间里，母亲一直托人希望将我带出国，无奈每次都落空。平日不善言辞的父亲在见面后返回芝加哥的途中坦言，当年将我留在大陆，他很内疚，所有的责任都由我背负，让我在家乡受苦了。我对父亲说："不要说了，历史造成的事情我毫无怨言。你们能把大姐、老三培养去留学，老二还当了将军，我一个人受苦，作为长子我心甘情愿。"中国人不同于美国人有强烈的表达欲望，此番的交流到这儿点到为止。对于父亲说的基金和赠予楼房之事，我说："我已经在美国做了差不多一个月，自己有工作，每天有 30 多块的美金收入，够我生活，家里这个钱我就不要了。"

妻儿终于来到美国团聚

自得知我太太和孩子仍滞留国内后，二弟德法就一直在寻思解决他们签证的办法。当时，密歇根州共和党领导人福特恰好是二弟德法的近邻，德法是共和党俱乐部的成员之一，通过这层关系结识了美国密歇根州参议员梭约，寻求他的帮助。

当时正值伊朗"人质事件"惨剧发生，德法当面质询梭约："我大嫂和侄儿已经办了移民，难道美国也和伊朗一样，要扣留我大嫂她们当人质吗？"此事引得密歇根州报的报道，我与妻儿因大使馆签证未通过而相隔两地，以及我与父母亲重逢的故事引起了美国民众共鸣，部分民众甚至写信"骂"美国政府，后在密歇根州参议员梭约的担保和协助下，美国政府向美国驻上海总领事馆发公函信件，要求关注我妻儿赴美签证一事，签证的权限在签证官，政府也不能说一定能批准。

与此同时，已届不惑的我选择进入美国纽约西美学院，进修外语等。这主要是因为一方面我父亲对子女教育特别重视；另一方面有利于我妻儿顺利拿到签证。在美国大学校园，我时常会看见 90 多岁仍在大学进修的老太太。我早上在学校念书，下午赶到礼品店打工，负责店内商品摆放、收银等工作。

此次海外校园进修的经历，使得我原本的探亲签证转为学生签证，获得了海外

林德宪夫妇与两个孩子在美国团聚

长居的机会，后续也方便以陪读的名义，将妻儿接至美国。在办妥入学等事项后，我第一时间将妻儿的签证资料寄回国内，然而此信件寄了三四个月对方都未收到，后重新寄出方才收到。不久，我太太便收到了上海总领馆发来的签证通知，因害怕再有变故，我太太连夜买了轮船票，独自赶赴上海办签证，花了36块钱，一次性将她和两个儿子的签证全部办理好，居然还获得了绿卡的身份，签证领事在他们的护照上直接就注明了三人的绿卡号码。

1982年3月初，与妻儿分离11个月的我，终于迎来了团聚的时刻。于我而言，虽然过程很艰辛，但一路上得到了许多人的帮助。家人在美国终于团圆，虽然彼时步入中年的我还在校园里读书，但我意识到单靠读书可能积累不到太多的财富，只有创业才能加快财富创造的速度，创业的种子在我内心发芽。

从"迷你店铺"起步

我太太出国后，在中国城车衣厂从事缝纫工作，而我则在礼品店打工，我们和大多数海外侨胞一样，拼命赚钱、存钱，进行原始资金的积累。面对初期海外生活的艰难，我也曾问过太太是否要动用父亲为我设立的基金，她一口否决："不用，我们凭自己的努力，用劳动积累自己的资金，后期我们再利用这些资金来做生意。"

20世纪80年代初期，纽约有三个温州籍华人家族，我太太的林氏家族便是在布鲁克林区富尔顿街发家的大家族之一。在礼品店打工，我观察到，黑人群体花钱就像流水一样，赚了钱就拼命花，今天的钱决不留到明天，没有钱就去要政府救济，这些群体拥有强大的消费能力。与此同时，我还一直观察周边的店铺，其间结识了生意上的伙伴老丁。老丁原本和儿子在曼哈顿中国城摆地摊，奈何中国城鱼龙混杂，儿子遭到帮派毒打，迫使他带儿子来到富尔顿街区谋出路，也因此和我相识。

同样计划创业的我们开始在富尔顿街区寻找商铺。经过实地观察走访，我们发现有11个路亭式店铺。为了租用这些路亭，我们联系到该商业区的梅西公司总负责人。我还自己绘制商铺设计草图，并特邀友人妻子作商务翻译，和老丁我们一行三人一起前往洽谈，阐释了自己计划经营中国小商品贸易的创业初衷，最终成功租到部分路亭开展经营活动。从此，我和妻子拥有了属于自己的创业小店。

1985年，我和妻子打造的路亭商铺"Mini shop"正式营业，面积不大的礼品店经过我们的改造，门窗做了开放设计后有效拓宽了展示面积。我负责进货，太太负责收银，还雇了两个员工。大冬天卖皮手套、围巾、帽子，下雨天卖雨伞，结合黑人朋友日常不带伞的消费习惯，售价3美元一把的雨伞每到下雨天很快就销售一空，而这些雨伞的批发单价不到1美元。我们经营礼品店的七年时间里，有时日销售额达上万美元，这为我赚得了在美国的第一桶金。

房产置业累积财富

20世纪八九十年代赚得第一桶金后，受父亲启发，我开始转战房产置业。我来到美国洛杉矶调研，相较于纽约，洛杉矶没有冬天，温暖的气候使租客免于受冻，当地法律十分注重保护房东正当权益，这让我发现一个重要商机，便决定去往洛杉矶做房产生意。除了生意上的原因，还有我父母的原因。为了更多地陪伴在洛杉矶的父母，尽为人子的孝道，2003 年左右，我与妻子正式迁至洛杉矶定居。前后 30 余年时间里，美国房地产市场的蓬勃发展，带来的房价翻番，促进了创业资金的快速积累。

21 世纪初，我在一次与友人的交流中发现，拉斯维加斯的房产拍卖量不断上涨，我开始研究背后的缘由。由于当地购房政策不完善，购房者可以直接通过银行贷款获取资金，并且在无须偿付首付款的情况下将所得房产用于租售。在这样的政策背景下，当地金融市场资金链频繁断裂，银行开始半价抛售手头的抵押房产。借此契机，我迅速联系房产经纪人并在拉斯维加斯购置了数幢房产。如果说自己有何投资经验值得分享，我想将它归因于温州这座城市，温州人有做生意的好基因，只要肯研究，温州的读书人很容易变成生意人。

作为企业家，我也有自己的坚持。早在改革开放初期，我有过一段归国置业的经历，与同乡叶亮等人创办美国美安国际集团，主要从事国内房地产的投资。当时我看到国内外的生意伙伴通过将手头的地产抵押银行贷款，楼房还在图纸上就转手出售获利。赢利虽快，但国内房地产投资行业存在一些不良风气，有一大半投入的成本要用于打交道。父亲认为，面对这样的行业状况不如抽身，规规矩矩在海外投资房地产。我当然懂得如何拿到改革政策的红利，但我坚持不拿，不能贪心。我接受过马列主义教育，懂得"礼义廉耻"的道德规范。因此，后面我便逐步撤出了在国内的投资。

父亲的经历对我经商理念的形成有着重要影响。抗战胜利后，父亲在台湾经商，旧日同袍曾建议他低价认领那些日本人逃离后留下的无主空置房产，父亲以"意外之财不可取"为由果断拒绝。父亲的为人和经商理念影响了我们这一辈人，我们会努力将其传承下去。

团结侨胞情系家国

20 世纪 90 年代中期，考虑到孙辈读书、就业问题，时任台北温州同乡会常务理事总干事的父亲决定置换在台湾的地产，以我的名义首次购入美国洛杉矶的房

林德宪参加纽约中国和平统一促进会举办的活动并发表演讲

产，举家迁往洛杉矶。当时的洛杉矶聚集了许多温州人，大家发起成立加州温州同乡会，父亲任第一届会长，任期两年，后又陆续成立了旅美温州同乡会、美国浙江联合总会等。我都积极参与履职，希望能在团结海外侨胞方面贡献自己的一份力量。

1994年，浙江省侨办要在纽约举办第五届浙江旅外乡贤大会，我受命协调具体事宜，担任组委会秘书长，克服重重困难，首次在美国成功举办了集会。时任浙江省省长万学远和100多位浙籍知名华侨欢聚一堂。时隔12年后的第十一届浙江旅外乡贤大会再次在纽约举行。当时，浙江省侨办请我担任组委会主席具体执行工作，我当然义不容辞，召集12个浙籍侨团，充分协调，团结一致共襄盛举。集会如期在纽约华尔道夫大酒店隆重举行，时任浙江省省长吕祖善与来自世界各地的300多位侨领进行交流和联谊。浙江省的侨务工作在美国开展得很顺利，影响深远。

1995年，温州市政协在港澳政协委员的基础上，首创设立华侨海外委员界别，我作为美国代表，与法国的韩天进、潘金照，意大利的孙子系，西班牙的陈迪光，葡萄牙的林棣华，丹麦的徐定元，日本的林叶通，德国的杨益盈共9人入选。此后连任六、七两届温州市海外特邀委员，积极参政议政。

美国浙江（同乡）总会初创时，我被推选为总顾问，第二届全票选为主席。任职期间，我组织了一系列慈善捐助活动。我应邀参加在北京人民大会堂召开的"促进中国老区建设"会议，与300多位各界重要人士一起共商扶贫之策。在参与汶川地震灾后重建、泰顺扶贫、永嘉贫困生帮扶等资助项目时，我除了力所能及地贡献自己的力量，还积极动员其他创业者。因为自身成长的艰辛，我更知道该如何去帮助贫困的人；因为遭受过冤屈，我更懂得珍惜别人给予的荣誉和信任。

我曾组织海外侨团回国访问，侨团成员有郑连云、余大庆博士等人。我们以加州温州同乡会的名义来到北京，时任温州市市长钱兴中在参与接待后表示，加州温州同乡会的这次回国访问是一次高层次、高规格的访问。面对国内官方政府的重视，以加州温州同乡会副会长身份回国访问的大弟林德政将军也颇为感动。

2001年，在北京参加促进老区脱贫活动期间，一尊珍贵的"世纪宝鼎"子鼎由老区促进会的老将军颁给了我和美安集团董事长叶亮。"世纪宝鼎"母鼎已于联合国成立50周年时由中国政府赠送给联合国，并安置在联合国大厦北花园中，子鼎是按照母鼎的原型，在专家们的监审下限额铸造的，铸造版模已经国家公证处公证后当众销毁。随着我年纪的增长，下一步我们计划将子鼎捐赠给南加州华人社团联合会，以鼓舞后辈。

身在海外，我也时时能感受到来自祖国的关怀。世纪之交，我作为纽约华人社团联合总会的常务副主席，先后在多位国家领导人访美时，受到亲切会见。2001年，国务院侨办在北京举行首届"新世纪华侨华人社团联谊大会"，我作为纽约华侨四个代表之一的江浙代表，与广东、福建、媒体代表一起赴会。之后，我多次应邀参加国庆宴会和阅兵观礼活动。我还曾连任浙江省政协第八届、九届海外特邀委员，连续三年受邀参加省里的活动，近距离地与领导交谈。

美国"9·11"事件后，美国移民局要求久居者归美国籍。本来我作为外籍不能继续担任温州市政协委员，但温州市政协为了调动海内外一切力量，又增设了海外特邀委员。我连任温州市政协第八、九、十届市海外特邀委员，每年出席温州市人民代表大会和人民政治协商会议，为家乡建设出智出力，见证祖国飞速发展。

在我心中，"爱国"情怀是每一个中国人与生俱来的，并不是外在强加的。我经常把自己形容成温州方言中的"水推瓢"，意为水上漂游的浮萍，虽然到处漂泊，到处扎根，却不忘出身。我们对于民族的关心，对祖国的爱愈发浓厚。

目前我已退休，本可安享晚年，但我退而不休，仍担任加州温州同乡会元老会主席，在每一届换届典礼大会上，以元老会主席的身份见证每一届同乡会领导人的换届仪式。同时又担任由176个社团组成的南加州华人社团联合会资深荣誉主席兼常委，继续为侨团建设与发展、侨社和谐、中美民间交流贡献自己的智慧、经验和力量。

建"林氏家园"陪伴父母

我的兄弟姐妹在各自的领域都学有专长，有所作为。我的大姐林莉蕙从台湾大学毕业后，获中山奖学金留学美国明尼苏达大学攻读经济学，专长是银行经营管理，获硕士学位，学成后回台，担任过台湾多家银行的领导职务，被称为"台湾金融界四大女将"；姐夫郭子斯博士则为世界著名核物理学家，纽约州立大学石溪分校终身教授，发明了物理学领域的"郭—布朗定律"，曾获诺贝尔物理学奖提名；大弟林德政担任过连江（马祖）县县长等职；二弟林德法留美获环境工程和工商管理双硕士，曾在美国、中国经营多家企业，担任过台湾新环工程顾问公司总工程师、台湾展盟实业公司总经理；小弟林德治攻读医学，现在台北板桥开设了两家诊所；小妹林莉莱毕业于台湾政治大学，现服务于美国教育界，担任洛杉矶学区行政助理，从事学校行政工作；妹夫柯利生也是温州人，商业世家，美国明尼苏达大学硕士，美国华纳兄弟电影公司电脑主管。

值得一提的是，大弟林德政曾是国民党少将，在社区有一定名望。而我在大陆当政协委员，时常有人好奇我们这样的家庭是否存在一些观念上的冲突，我们是如何化解这一冲突的。

我还记得，温州市政协主席高忠勋访美时邀请我任海外政协委员的场景：当时在温州同乡会的欢迎会上，高忠勋主席宣布温州市政协聘请我为海外政协委员这一决定时，在场侨胞的掌声连成一片。但这一决定却让我惴惴不安，随即我拨通了在洛杉矶的父亲的电话，询问自己的身份是否方便担任海外政协委员一职，当时大姐和弟弟林德政都在台湾任职。父亲在电话另一头说："你是你，他们是他们，没什么影响，政府看得起你，你就要积极做事。"关于祖国统一问题，我的父母和兄弟姐妹们一直都拥有清晰的认知和立场，父亲说："要积极支持中国和平统一，中国只有一个，和平统一最好了。"在父亲的影响下，我们林氏子弟以及亲友，也都上下一致，坚定支持一个中国原则。

父亲以孝治家的理念在我这一辈也得以传承践行，我在子女的成长道路上一直强调家庭教育，以爱浇灌，用心培养。我的大儿子林中恺硕士毕业于美国罗切斯特大学，并持有哈佛大学文凭，在计算机领域深耕，曾在美国华尔街 KNIGHT 公司任副总裁，现任美国知名信用卡公司的电脑工程师。我和我的父亲一样，很注重家庭教育，要求子女也要重视家庭经营，早些年在华尔街从事高薪工作的大儿子，后来为兼顾家庭选择回到洛杉矶定居，生活的重心也向家庭转移。其间，我尝试带大儿子接触房地产行业并成立美国房地产投资发展公司，盖了两幢别墅，如今盖房子已经成为大儿子的另一项生活技能。

我的小儿子林阳恺，教育学博士，现任圣马力诺学区的首席财务官（CFO），并高票当选坦普尔学区教委等公职，负责地区教育经费的分配等工作。他 1974 年出生，从小学起就是在纽约读书，从初中到高中一直是全校第一，曾获得全美 MCI 双语奖，高中毕业时还获得了美国总统奖，他的名字被刻在学校的大理石上，他到纽约的林肯中心参加庆贺活动时，我们家长也一起出席了。这是纽约市所有高中毕业生中获得全校第一名的学生的殊荣。林阳恺高中毕业时，哥伦比亚大学、麻省理工学院、康奈尔大学等 8 所美国著名大学，都要招收他入学，并提供奖学金。他最后选择拿全额奖学金到库珀联盟学院攻读物理专业，后又取得了经济学硕士和教育学博士学位。随着学历不断提升，他对美国南加州教育体系的改革提出了各种建设性建议，这张华人面孔也得到了地区领导的肯定及欣赏。他早先在纽约的一家欧洲银行工作，后在洛杉矶的一所中学里教书，还曾在洛杉矶坦普尔学区担任第三

林氏家族其乐融融

把手，相当于副局长之职，管理着十多所学校。2009 年，北京市高中校长考察团访问洛杉矶，就是他负责接待的。林阳恺虽然对汉字有些陌生，但日常生活中可以用温州话、青田话与人交流。如今他在他讲普通话的妻子的帮助下，渐渐深化了对汉字的理解和认识。

身在异地，温州话也是我在生活中寄托思乡之情的一种方式，我常教孙子辈的说温州话，比如"温州人，吃馄饨""馄饨汤，喝眼光"等顺口溜、日常用语。

我们 6 个兄弟姐妹希望在父母年老之时陪伴在侧尽孝，因此建了一座林氏家园。大姐林莉蕙同从事核物理研究的姐夫长期居住在长岛，最小的弟弟林德治则在台北当医生，他们虽身在远方，但我们 6 人还是一致决定在美国洛杉矶阿尔汉布拉市的大西洋大道上盖一座林氏家园。我们将 11 套房子打通，占地面积 3000 多平方米。父母如今有我们 4 个子女陪伴，感到特别欣慰。逢年过节，家门口有时摆放着 30 多双鞋子，此番景象引来凤凰卫视拍摄纪录片。"中国人虽然来了美国，仍然还是坚持孝道，这是华人最好的美德。"我们林家成为典型。

2009 年，我母亲在一次心脏手术后离世，享年 87 岁。母亲的离世对父亲而言是重大的打击，后父亲因感染带状疱疹，半年后也离去，享年 93 岁。父亲 70 岁到美国后才学会开车，90 岁时还在开车，能和我母亲一起跳恰恰、伦巴舞。在父母亲晚年时，我和兄弟姐妹能陪伴在父母身边尽孝，付出再多都值得。

我现在年纪大了，加之疫情的影响，近些年都没能回乡。但对故乡温州的感情，正如我在政协会议上有感而发的，后来发表在香港《文汇报》上的十四行诗的题目一样，是"一生的思念"。作为美国洛杉矶华人作家协会的永久会员，我最近在《洛城作家》上发表了一首诗《远方》：

牧人的羌笛，

征夫沉重的皮靴。

天涯迷茫的蜃楼，

海角孕育着的蚌珠。

铁鸟冲出历史的帷幕，

晶蓝的大海，

溶解了所有的哀伤，

纽约，

我第一个远方。

生命不息，

远方不断。

圣盖博山谷沙土下，

深深地扎下我的血脉。

悠闲岁月，

晨曦，

大橡树的投影，

隔叶松鼠来朝拜，

问道：

"你还有远方吗？"

"远方？应该有吧……"

那是旧竹躺椅上的

残梦，

在微信的尽头，

在原乡。

最宝贵的财富是家风

洪才虎：

洪 才虎

1945 年出生于温州文成玉壶镇中村；1962 年入玉壶木器社做木工学徒；1972 年借调到国营文成电机厂工作；1977 年在文成县手工业局玉壶区办事处从事二轻企业管理工作；1979 年被提名为玉壶区副区长；1980 年出国赴荷兰，装修中餐馆谋生；1981 年转赴法国，在同乡的家具厂工作，得到合法居留身份；1990 年开办中餐馆"洪福楼"；2000 年后家族企业转型进出口；2008 年进军电子商务。

访谈时间： 2022 年 8 月 25 日

访谈地点： 温州市文成县玉壶归侨侨眷联合会

受访者： 洪才虎

采访者： 郭垚

录音、摄影： 吴诗诗、康楠

文字整理： 吴诗诗、康楠

家族奋斗不可或缺的八个字

1945 年的农历十二月，我出生在玉壶。我在家里排行老二，是最大的儿子，上面有一个姐姐，其余都是弟弟、妹妹。我父亲洪桂香 13 岁时被我爷爷送到周墩岭根垟替财主家放牛，成年后做长工，到 32 岁才结束长工生涯，与我母亲蒋香菊结婚，一直依靠自己的勤劳和智慧艰苦奋斗，是真正的无产阶级。

我父亲组建了家庭之后，住在玉壶中村一个开中药铺的房东家里。房东的粮仓就在他住的地方，房东把粮仓的钥匙给他保管，房东需要取粮食时，就会从我父亲那里取钥匙开仓。那时我的父母生活特别穷困，但是很讲诚信。那个时候粮食特别要紧，房东能如此信任他们，委以重任，可见父母的诚实、可靠是大家公认的。

关于父母诚信的品质，有件事是我亲历的，给我留下了深刻印象。那时我读小学，我父亲到商业街买东西，买的时候没注意查看找还的金额，等回家后，他清点剩下的钱，一数一算，发现营业员找还的钱多了。我父亲没有犹豫，立刻回去把多余的钱还给店家。那时，我们家并不富裕，需要节衣缩食、精打细算过日子，如果一时糊涂，可能就收下了，但爸爸有底线，坚决把多找的钱还了回去。这件事对我起到了教育作用，我意识到，做人应该像父亲这样诚实，才能得到别人的信任。后

1984 年，在法国拍摄全家福

来，家里情况逐渐变好，温饱不愁，除了大环境变好的原因，归根结底还是因为父亲人品好，懂得依靠自己的双手勤劳致富。

我父亲言传身教给我三项品质：厚德、诚信和勤俭。厚德和诚信是做人的根本，在这个基础上，既要勤劳，也要节俭，只做不省和只省不做都是行不通的。后来，我自己创业，又摸索出很重要的一点——创新。要把事业做大，必须学会创新。我总结了 8 个字，也是我们家族奋斗不可或缺的品质：厚德、诚信、勤俭、创新。

试卷被贴在墙上，全校的人来学习

1953 年，我上小学。学校是由寺庙改造而成的，老师大多是新中国成立前的知识分子，算是县里的文化人。小时候我比较内向，不怎么活跃。读到三年级的时候，有一次语文老师林佐娇，也是我们的班主任，在课堂上表扬了我，这件事成为我学习生涯的转折点。当时，我觉得自己被老师表扬了，以后就要做得更好。从那之后，我开始认真做好每一件事，对学习产生了强烈的兴趣，对自己的要求也更高了，慢慢地培养出了上进心、好学心。

1959 年，我被保送到了玉壶中学，遇到一位教代数的老师余式谦。他是老一辈的知识分子，对待学生很严格，一直强调要培养思维能力，他对我说："学数学一定要灵活，要善于钻研，培养自己的思维能力。"一开始我只知道必须听老师的话，把老师教的东西消化掉。就算放学回家，躺在床上，还是会思考怎么解题，一定要想出办法把题解开才肯入睡。就这样，我逐渐培养出了属于自己的思维习惯与能力，并且触类旁通，不止数学，所有理科我都学得很好。当时有另外一位老师岑虎，也是教理科的，是当时为数不多的大学生，每次批改我的作业，他都会写上"好"字表示肯定，并且加上好几个感叹号！培养出思维能力后，学习变得很轻松，因为思路变得灵活了。有一次考试，不但理科都考了满分，我语文也拿了 100 分。学校为了表扬我，把我所有的考卷都贴在教室的墙上，让全校同学学习。这对我是莫大的肯定，我成了大家的榜样。我感觉很高兴，又觉得压力很大，因为这就意味着以后不可以退步。

无论是小学老师的表扬，还是初中老师的教导，对我的人生，包括以后的工作都很重要。我对他们十分感激，没有这些好老师，就不会有如今的我。后来我到了法国，有一次余老师取道法国去意大利，我第一时间接待了他，并且将他送到车站，叮嘱乘务人员好好照顾他。

父亲去世前的安排

上初中时，刚好是困难时期，大家都在饿肚子，我的老师说本来以我的成绩，完全可以去更老牌的文成中学。我如果去文成中学读书，既要带粮食，又要带日用品等。家里收入主要靠我父亲，他除了种地，还卖肉，一家人的生活算勉强过得去。如果要额外支持我到文成中学就会更吃力，难以承担。所以，最后我放弃了去文成中学，选择留在玉壶中学。

后来，我连书也读不成了。初中三年级的时候，父亲生病了，但他仍然坚持在生产队劳动，还要出去兼职卖肉。他知道我读书好，舍不得让我停掉学业。但是经过再三考虑，结合家里的情况，他最后还是决定劝我去和在木器社做木工的姐夫学手艺。春节过后，父亲语重心长地对我说："如果你继续读书的话，再过三年，也只是高中毕业，还要继续读。我现在身体这样差，没法坚持培养你上大学。你停下来跟着你姐夫学做木工，学手艺学三年，以后就可以维持自己的生活了。"

父亲这番话如晴空霹雳，重重地击中了我。那个时候已经过了寒假，同学们都去注册报名准备开学了，而我只好听父亲的话，放弃学业。我记得很清楚，1962年的正月十八，我去木器社做学徒，同年八月十五，父亲就去世了。现在回想起来还有一些遗憾，那个时候我没有能力去赚钱，全靠父亲一个人维持家庭生活。如果他不做那些强度很大的体力劳动，也许就不会那么早走。爸爸最开始得病应该是在1958年左右，那时村里有一个粮食仓库，我爸爸作为积极分子去守仓库。冬天天冷，吃的东西就是一些草头，不好消化，他常常要起夜，跑到外面上厕所，衣服又单薄，我估计他的病可能是由风寒引起的，后来慢慢加重，最后无力回天。

现在，我偶尔想到辍学的事，还是会情绪消沉。如果我能继续学习，念完初中，再坚持上完高中，就能考大学了，前途也是光明的。

学一行爱一行，自学成了木模工

当时工作的木器社，不同于全民单位、社会企业，属于集体单位。单位里面主要生产农具，偶尔也做一些家具。农具的制作需要老师传授方法，每件农具的制作方法老师只教一次，我就能理解，然后开始琢磨要怎么才能做到更快更好。我这个人有个特点，学一行爱一行。读书的时候，拼命学习；去木器社做学徒的时候，就专心学木工技术。我喜欢动脑筋，初中代数老师教我如何培养自己的思维能力，那时学到的理论知识在这里派上了用场，我很快就掌握了木工的基础技术。

入门之后，我对木工产生了更大的兴趣。当我能独立做出一件东西时，心里就会很踏实，很有成就感。有次完成一件难度较高的家具后，厂里面十几个老师傅都夸我手艺好。当你自己能独立完成难度较高的木器时就算是出师了。出师后，自己可以单独做家具，做多少件东西，就拿多少工资。当时，我一个月大概可以挣到

洪才虎（中）初到法国与朋友合影

三四十块钱，算比较高的。但是这个行业劳动强度很大，工资都是凭自己的劳力和手艺挣来的。

20世纪70年代，工业逐步发展起来。地方上成立了农业机械厂，生产打稻机和碾米机器，做的都是机械工具。机械离不开铸件，铸件的第一道工序需要用到木模，这要木模工去动脑筋。当时，木器社已经并入农机厂，我就自告奋勇做木模工。这很有技术性，在做木模的时候，只有几张图纸，没有任何参考，这要自己先想象出图纸完成之后的样子。图纸并不是立体的，它是平面的，只有在脑海里拼凑起来，才能得到立体图像，很多人没有这样的空间感，我却很擅长。除此之外，接下来还要考虑到如何分型、起模、加工余量、不同金属的收缩率等技术数据，很考验人。

像这种高难度的工作一般都要外聘，那时候文成也没有太多的技术资源，没有老师教，我都是靠自学。我买了一本《木模工基本知识》，刚才所说的这些东西，这本书里基本上都有标准：比如铁的收缩率是多少？起模率是多少？都可以参考书里的内容。不过识图、看图只能靠自己，我像上学时一样，没日没夜地思考、设计。我原来几何成绩很好，很喜欢画图，所以做木模的时候，这些几何知识就派上了用场。

通过自学，我掌握了技术，有基础之后，从最简单的开始，再一步步做复杂的木模。机械离不开铸件，后来造的仪表车床、普通车床，都是我们厂里生产的，开木模没有请过外面的工人。

上任促改革，勇当"拓荒牛"

1972 年，我到了文成县里的电机厂。当时电机厂在木模方面比较薄弱，所以一个工友就推荐我去帮忙。集体单位是没办法正常调动的，我通过借调的形式去了电机厂。

在电机厂工作一年后，我回到了原单位。当时，二轻局在玉壶有 5 个厂，分别是做木器、农机、铁器、竹器和服装的，都属于大集体。二轻局在玉壶办事处需要一个负责人，我是工人出身，对基层比较了解，再加上读了几年书，也有一点组织能力，面对一些问题有自己解决问题的基本思路。一些领导都听说过我，认可我的能力。1978 年，县里提拔我让我代表二轻局去管理这几个厂的日常工作，工资由县里派发，算是集体干部。

我上任以后，便想着要做点事情来改变现状。我感觉国家要进行大变革了，改革的重心在逐渐向经济转移，我意识到当时厂里的制度有一些问题。20 世纪 70 年代，大家都还在吃大锅饭，有些人光拿工资却不工作。面对工作积极性调动不起来的问题，我想出一个办法：生产指标要落实到个人，每个人根据技术来评级，评定是几级，就落实多少生产指标。如果超出就奖励，不够的扣工资作为处罚。这样一来，又出现一个新问题，如果有些人为了赶指标不讲究质量怎么办？我就规定，下班之前，所有班子的技术人员一起去验收工人的产品合不合格，不合格要重做。保证质量，把指标落实到每个人，技术人员创产可以多拿工资，积极性就调动起来了。这样的成功经验引得全县集体企业纷纷效仿。

劳动积极性调动起来之后，业务就显得不够多了，必须外销，到外面去找业务。那时，派出去的供销员，有的负责任一些，多拉一些业务回来；有的却空手而回。后来，这也成了全县普遍存在的问题——供销员拉回来的业务不够多。有一次二轻局开会，会上提出了这个问题，大家都表示难以解决。我那时候才三十几岁，在会上大胆地提出建议：大家都知道，工人超额完成工作，就有奖励工资。供销员如果拿到好的业务，为什么不奖励？可不可以也给供销员发奖励金，调动他们的积极性，这样他们接业务的时候也会拼命去接。这道理放在现在是很简单的，但在那个时候，人们根本不敢去想，也不敢去做。后来大家都肯定了这个办法，供销员的积极性确实提高了，成效显著。

作为领导，在拓展业务方面，必要的时候自己也要挺身而出，敢于承担责任。1978年，木器机械厂刚刚起步，我们注意到一个供销员手上有一份合同是大庆的输油泵，这是全国性的大企业，一般人看到"大庆"两个字就不敢接手，把事情的后果想得比较严重。当时，农机厂不敢接这个业务，木器机械厂的几个领导也很犹豫。因为他们不是机械工出身，在讨论的时候，碰到一些技术问题，大家解决不了。这个时候我站出来了，向项目负责人提出了建议："这是一个很好的机会，风险比较大，责任也大。如果成功了，就是一桩很好的生意。你还是大胆一些，把它接下来，不懂的地方再请教专业人员，到外面去学，或者请一个师傅都可以。"他说："万一出问题怎么办？"我回答："万一出问题我来承担，我是第一责任人，有什么事情我来担。"这样大家就放心了，他们也认为值得一试。

后来，厂里就接了这个业务，大家看过图纸后，先试制，开始几次都失败了，有一个技术问题解决不了。我联系了温州市机床厂的一个朋友，通过他把这个业务落实，到他厂里去加工，这个技术问题就解决了。到了试行机械的时候，找不到原油来试用，就用水来检测它的压力，观察它打上去的扬尘有多高。最后一次试行的时候我在场，我看到打上去的扬尘高达十几米，大家都很激动，终于成功了！就这样，和大庆的合作很顺利，双方的业务持续做了好几年，一直到我出国时，合作还在继续，这个项目也给厂里带来了丰厚的收益。

鸿沟难以逾越，只能另辟蹊径

1979年冬天，文成县里的一位对我了解很深的领导推荐我担任玉壶区副区长职务。县常委展开讨论，大家对我进行评估：组织能力强，人也年轻，其他都合格了，只有一个问题，不是全民编制，而是集体编制。我的能力和拼搏的韧劲，已经让领导看到了，得到了晋升的机会，但编制问题把我卡住了。我到现在还不知道有没有办法改变，那个时候，集体编制跟全民编制的鸿沟很大。

到了1980年，我只能告诉自己，此路不通，要另外找一条路了。30多岁，年轻力壮，也为单位做了一些事情，得到过机会，只是鸿沟太大，没办法逾越，必须另辟蹊径。那时候国内已经开始涌现出国潮流，国家对办理护照的政策相对放宽，只要国外有人接待，或者国外的亲友写一封申请信，护照就更容易批下来。于是，我开动脑筋准备出国。

其实最开始也没有什么具体的打算，想着出国以后再说。那时候国内经济条件不好，华侨回来时都穿着西装，打着领带，脚上踏着皮鞋，好威风。我们饿肚子的时候，他们还从国外寄来猪油和面粉，这就是华侨在那个年代给大家留下的印象——出国是好事。那时，我最小的孩子也已经出生了，家里有6口人，进体制内的那条路既然不通了，只好通过出国，在经济上谋求更多发展。1980年9月，我坐火车去了北京，当时大家都到北京去碰机会，在各个大使馆之间来回跑，哪个地方可以办签证，就先办哪个。就算是那些很远的国家，只要可以，就先签了再说。我住在大栅栏附近，有一个小旅馆叫"西河沿"，里面住的都是我们玉壶人。我在那里待了一个月，在等签证的时日内，还帮助一些一起去的朋友了解签证信息。就这样等了一段时间，10月份，签证下来了，我便去了荷兰。那时候也没有什么钱，我买不起机票，当时去荷兰的机票好像要400多元人民币，最后还是在荷兰的妹夫买给我的。

身无分文赴海外，匠心筑梦在荷兰

1980年10月10日，我抵达荷兰乌得勒支省，亲戚胡从村以及好友胡沪生去机场接的我。我先到胡从村家住了十来天，他是一个老华侨，当时已经开了一家餐馆。我住在他餐馆的楼上，那十来天我没有下过楼，因为荷兰的街道不可以乱走。我从电视里看到英国王子查尔斯跟戴安娜要结婚的消息，那时中国还没有普及电视，我也听不懂荷兰语，光是看着电视上的画面，就觉得很新奇。后来，我转住到胡沪生家里，荷兰比温州老家冷一点，但我也能习惯。马路上人很少，我住的地方附近有一个教堂，教堂钟声响起的时候，铛铛的声音一直在耳边转，让人感觉很宁静。之后有一年，我专程到荷兰故地重游，寻找这个地方。

到欧洲后一切从零开始。中国人在荷兰的大部分人都会开中餐馆，因此到荷兰就离不开到中餐馆去打工这件事。那时，胡沪生开了一家叫"北京楼"的餐馆，他的父母都是老华侨，很早就来荷兰了。他给我提了一个建议，让我去做木工。因为做菜并不是我的强项，我对这类工作不感兴趣。我的木工技术很好，他就跟我商量，让我从事中餐馆的装修工作。我很高兴，木工难不倒我，于是爽快地接受了这个建议，我的第一份工作就是装修。

然而，我在荷兰当木工遇到了一些问题。荷兰所用的材料、工具和中国的不一样，我在中国做木工很少能接触到带电的工具，当时的荷兰已经有了，比如说电锯、电钻这类工具，有些时候我不懂怎么使用这些工具，在语言上也有障碍，需要我朋友帮忙。

那时，我们装修都是等餐馆打烊后，在夜里动工。累倒不是问题，我只怕影响到别人，国外对装修声音要求很严格，别人深夜里听到噪声可以控告我们。我们小心翼翼，花了不到一个月时间，就装修好了饭店。

文成人的圈子很小，这次工作做成后，大家都知道我了，纷纷来找我装修。荷兰的人工很贵，而且中国餐馆一般都是不暂停营业式的装修，所以没有外国人愿意来服务。我装修收费很低，我们只算工资，装修材料店主可以自己购买。如果他们找荷兰人装修，要包工包料，价格肯定是不一样的。大家都是中国人，有什么事情比较好商量。荷兰人做不出中国式的东西，他们没见过，我们做还可以带一点中国的特色。所以，那时我的生意很不错。

巴黎遇贵人，家人齐团聚

1981 年 7 月，法国新的总统米特朗上任，发了一个大赦令，给有必要有条件的人合法化的身份。当时法国的整体条件和工资都比不上荷兰，但拿到荷兰居留许可的希望很渺茫。我当时内心在斗争，是去还是不去？从长远来说，如果去法国，就能拿到合法居留许可，自己有了基础可以稳定发展下去。下不了决心是因为法国的条件相比荷兰，可能更差一点，工资更低。我权衡后决定到法国去——眼前的利益还是要服从长远的利益，我到法国后拿到居留许可可以站稳脚跟，所以我毅然丢掉荷兰的高薪工作，去了法国。

1981年8月，我去了巴黎，碰到了很多贵人。当时在巴黎的玉壶人不多，我投靠了一个做中式家具的人，他名气很大，叫胡守益。他的亚洲家具厂专门做中式仿古家具。我和他在玉壶有过一面之交，我在荷兰的时候，他还委托过我帮他办一些事情。胡守益留我住了一个星期，把我推荐到工厂的木工车间工作。当时要在法国申请居留，必须找到工作，再让老板帮忙担保，最后向劳工局申报，才会获得居留许可。我的居留许可是胡守益帮我申请的，所以他是我在法国的贵人。

在巴黎最大的困难就是住房问题，在法国租房很难，当时我的发小和我一起住，我们两人挤一张床，有时候找到一个住的地方却连一个月也住不到，需要经常搬家。房东出租房子是有条件的，只有租赁人的工资除去房费、生活费还有一定的余量，房东才会允许你租房。我们当时拿的是最低工资，不符合租房条件。

1981年11月15日，我拿到了居留许可。那是我最开心的时候，这意味着我的根已经扎下了。1982年12月，我把家里人接到了巴黎。先是太太和两个小儿子，再是大女儿，全家人聚齐的时候已经是圣诞节了。那时候我在胡守益儿子的工厂里做工，他的公司有几间闲置的办公室，我们一家就先安置在里面。办公室没有烧饭的炉子，我们就到工厂里用煤气炉烧菜。我有一个表兄原来在国内是缝衣师傅。出国后，他到一个老挝老板开的加工厂里做缝衣。他把缝衣工作介绍给老乡们，其中就包括我太太和女儿。因为办公楼里不可以放缝纫机做工，我太太就找了个老乡，把缝纫机放在他租的房子里，在他家一边做一边学。有时，中午我在工厂吃饭，太太中午不回来，两个小孩就自己烧饭吃。晓波（我的二儿子）连煎鸡蛋都不会，我们刚开始打拼的时候，小孩子跟着我们吃了些苦。那时，我一个月的工资还不到4000法郎，为了多存点积蓄，必须省着花，都舍不得买海鲜。有一次到市场里去，看到法国的螃蟹和中国的螃蟹不一样，我们的螃蟹是两头尖的，法国的是椭圆形的。我的小儿子当时大概8岁，他就问妈妈："为什么这里的螃蟹跟我们那里的不一样？"妻子可能领会到他想吃螃蟹了，就拿了一只让售货员称重，我忘记是多少钱了，妻子觉得很贵，舍不得买，最后又把螃蟹放回去了。这件事给我留下了很深的印象。

那个时候我就知道中式家具这条路走不远，它外表好看却不耐用。木头质量没问题，最大的漏洞在油漆的部分——容易脱落，欣赏价值高于实用价值。大概1983年的时候，这家亚洲家具厂就开始走下坡路，慢慢地不需要那么多工人了。刚好工厂对面是犹太人开的工厂，做的是装雪茄烟的箱子，很讲究，很精细。犹太人知道我们中国人擅长做手工，就贴了一个告示招工人，我抱着试试看的念头，辞掉木工厂的工作，去了犹太人的雪茄烟箱厂。

我边做边学，他们也很细心地教我。上班很规矩，工资也高。犹太人老板很精明，对工人很好。我从他身上学了一些管理方法：如果工人做错了事，要先弄清楚原因——无意做错的，就不要责怪；如果是有意做不好的，就要严格处理。例如，有个箱子已经基本完工了，但是打开之后发现里面有一根木头的部件颠倒了，没有办法补救，损失很大。车间主任作为负责人，红了脸，觉得是自己搞砸了。老板看过后皱了皱眉头，很简单地说："报废。"因为这个车间主任很勤奋，技术也很好，不是有意失误的。我借这个机会问老板，能不能把这个箱子送给我留念，这个箱子就被我拿了回来，到现在还放在法国。这些方法对我来说很有用，我现在做事也是这样，只要别人不是故意做错事情，我都能体谅。

我在那里待了不到一年，就辞职了准备自己做生意，雪茄烟箱厂的老板说："你如果开得好，就在那边做，开不好你再回来，我欢迎你。"后来我出资和老乡一起开了一家木工厂，专门生产中式仿古家具，积累了一些资本，工厂开了三年左右。

大胆创新不惧困难，与众不同办餐馆

做了几年木工厂后，我想自己开中餐馆。当时大家都在开餐馆，你也开，他也开，特别是我们文成人，有条件的都在开餐馆。我这个人不愿意走人家的老路，开的餐馆也要和别人的不一样。为了开中餐馆，1988 年到 1990 年，我跑去意大利考察。那几年意大利的中餐馆很流行，我一边帮亲戚装修餐馆，一边向他们学习开餐馆的经验。

回法国后，餐馆选址花了很长时间。通常来说，把西餐馆改成中餐馆很方便，大家一般都找现成的西餐馆去改造。但是这些餐馆规模不大，而且位置都在比较狭窄的路边，很难停车。大的餐馆，购置成本很高，市中心的房租又贵，很少有停车的地方，只有步行的人会来吃饭，开车的人没地方停车。于是，我就在近郊的交通圈里选址，发现有些地方原来不是开餐馆的，门口挂着牌子要出售，像是一些百货公司、服装店，位置都很好。有一个卖日用百货的犹太人，他的店准备转让，要价很高。起初，这个犹太人开的是一口价——200 万法郎，一点都不能少，后来我和他讲价，他转口说："你认为应该多少钱？"那时我心想，有希望了，我直接开口120 万法郎，最后用 140 万法郎拿下了。

1990 年 4 月，除了自有资金和银行贷款外，我还借助了温州人独有的"圆桌会"融资模式，开设了一家名为"洪福楼"的中餐馆。那栋房子一共五层，门面也很漂亮，地理位置、装修都是一流的，室内装修有中国特色，令人耳目一新，一炮打响了名声。我的餐馆有一个比较突出的特点，就是创新，别人都是买老餐馆，这个传统被我打破了，不去管是老的还是新的，只要房东同意，有足够的停车位就可以。自我们之后，大家才知道原来还可以这样做。文成人的餐馆规模都不小，而且都在郊外和乡下，没有开在城里，一定程度上是模仿了这种模式。

我选的地址通常被认为是不可以开餐馆的。为此，我们特意去市政府咨询，得到的答复是："只要房东以及楼上所有房东都同意，并且有一定数量的停车位，就可以申请。"开餐馆的申请批下来之后，就要开始装修。装修难不倒我，这是我的老本行，不过在这方面，我自己也动了些脑筋，做了一些适当的调整和改良。以前的小餐馆装修很简单，也没什么特色。我认为法国人到中餐馆来不仅是吃饭，还应该得到一种享受，要给他们营造出放松的氛围。我利用自己的技术在设计方面做了一些调整，算不上高端，但也花了点心思。我们餐馆的门面是全玻璃的，开车的人只要一转头就可以看到餐馆的内部装潢，装修风格是改良过的现代中式风，国外没有的。我的餐馆里有中国的琉璃瓦，还有栏杆和屏风，一般人会在餐馆里挂一些中式灯笼，我们布置的是水晶灯，中西结合。那个时候水晶灯一盏至少要一万多法郎，一开始还有点舍不得买，但环境是我们挑选餐馆的第一条件，首先装修要吸引客人，然后才是菜品的味道。后来大概连续十几年，很多中餐馆都是和我们一样的风格，法国人还问我们是不是同一个家族的餐馆。

我的餐馆在巴黎的位置很好，装修也不错，当时还惊动了市政府，市长亲自到餐馆慰问，我们把接待市长的照片挂在餐馆里，后来还付给电影院一笔广告费，每一场电影开头都会打一个广告，简单介绍一下我们餐馆的装修和菜式，这样别人就会知道在当地还有这样一间餐馆，那个时候其他中餐馆还没有做过这样的广告。

餐馆的第一任大师傅是温州人，他在法国做了很多年的大师傅。当时餐馆的菜品有一百来个，烤鸭、咕咾肉和越南春卷很受法国人欢迎，实际上这些菜是将亚洲各种菜系融合后的产物。做餐馆不仅要把菜式做好，菜品价格还要合理。客人看到熟悉的菜，一下就能记起来其他餐馆的价位，这种菜的定价不能太高。别人没有的、自己创新的菜，定价可以稍高一些。

法国的饮食业有这样一个惯例，餐馆去申请评奖后经过考察和评比，表现优异的就会得到"金筷奖"。我们的餐馆去申请评奖后，就有人来考察装修、卫生和菜品，合格了就会颁奖。颁发"金筷奖"的时候我们请了市政府的主要领导——这也是一个广告。还有一次，法国一个有名的歌星带了一家人来我们餐馆吃饭，被服务员认出来了。这个歌星很有名，年轻人都知道，我、晓波还有几个人要求和他合影，我们把照片挂在餐馆里面，又做了一个广告。最开始的时候餐馆生意还没有这么好，经过这些事，生意开始火爆起来。从 1990 年开始经营，到 2003 年卖掉餐馆，我们一共开了 14 年餐馆。

转型进出口，再上新台阶

我的二儿子晓波曾经总结过："回想我们家族走过的路程，每过十年就上一个更高的台阶。"我想想也对，我 20 世纪 80 年代出去，到 90 年代开餐馆，第一阶

1991 年 11 月 3 日，洪才虎（中）在法国文成联谊会成立大会上致辞

巴黎市长等人为洪福楼颁发"金筷奖"

段那十年实际上都在打拼和积累。第二个阶段，餐饮业比较流行，我们就经营洪福楼。

1999年，以洪氏家族为主体，我们成立了洪氏电子通讯器材进出口贸易公司，那时候已经是第三个十年了。晓波开始动脑筋了，他不想再开餐馆，就选择进出口贸易，专门做电子通信配件。当时，全世界都流行用诺基亚手机，诺基亚手机的外壳是可以换的，我们靠着诺基亚赚了一些钱。

晓波和现在唯品会的沈亚就是从那个时候开始联系的，我们第一次见沈亚是在2000年的时候，在温州，沈亚还请我们吃了顿饭。当时，我们需要在中国找一些手机配件出口法国，沈亚刚好在卖这些手机壳之类的配套商品，那时候他是我们的生意伙伴。晓波和沈亚两个人，一个是买方，一个是卖方，本来双方多少会有一些利益上的冲突，但他们没有，而且关系越来越好。当时，沈亚的朋友圈里面，做手机配件的也不少，做久了之后，国外的人也知道了这些厂家，不需要经过沈亚，就可以直接找到这些厂家了，但我们认定了沈亚这个合作伙伴。他在出口我们的配件时，帮我们办理手续会有一些提成，如果我们只为了利益，完全可以撇开他，但是我们还是坚持和他合作。后来，他跟我们说："其他朋友都自己做了，你们洪家还愿意和我合作，我可以把提成降下来。"那时，我们洪家人都是同样的回答："不可以！"我们已经有一定的利润了，何必要扣下沈亚的这部分呢？另外，有些配件出口后发现是次品的，一般正常来说要退货退款，但我们认为这些都是小数目，次品都报废算了，也不要沈亚退钱了。后来，晓波对国内的市场越来越熟悉，也结交了许多企业界的精英，在2008年12月，与沈亚及友人合伙成立电子商务平台"唯品会"，并于2012年3月成功在美国纽约上市。事业成功后，他们不忘回报社会，每年都到西部贫困地区支援教育事业，并得到中央及地方领导的肯定和鼓励。其实，不贪钱的人才会做得更大，现在来说就是智商和情商的平衡，智商很重要，但更重要的是情商，做事先做人，要学会换位思考，考虑合作伙伴的利益。

这个进出口的生意已经有规模后，我们卖掉了洪福楼。当时，我主张留下洪福楼——两条腿走路，万一进出口不成功，还有洪福楼撑着。后来，餐馆卖给了一个在我手下做工的青田人，是个女孩子，她后面也转手卖掉了。很可惜，原来的洪福楼已经被全部拆掉，改做日本菜了。洪福楼如果能留下来的话，就是一个承载着我们回忆的地方。

简单的想法——为文成人服务

在法浙江侨团中，有一个华侨华人会（原名"旅法华侨俱乐部"），在法国历史比较早，也比较进步。它是1971年成立的，影响力很大。改革开放以后，出国的温州人更多了，他们的机构很难顾及这么多人，办事情不太方便。

大使馆为了让文成人融入华人华侨会，主动把我引进来。但是我们没有相关基础，没有办法真正融入。当时法国的文成人基本集中在巴黎地区，大家常常见面。我觉得文成人必须有一个自己的组织，团结起来，有困难大家可以互相帮助，或者有什么信息，能有一个平台来了解。简单来说，就是需要一个平台为我们文成人服务。当时，中国人在法国的本来就不多，其中文成人更少。如果不团结，就会受人欺负，所以必须团结起来。后来文成人就自成一派，旅法华侨俱乐部是一个老侨团，大活动我们一起办，大家都是为了为侨胞服务，宗旨是一样的，都是爱国的、爱乡的。

1991年，我提议并参与筹建了法国文成联谊会（原名"旅法华侨文成联谊会"）。因为我在国内也当过管理干部，大家比较相信我。那时候大家都在创业，我的餐馆才刚刚起步，债务还没有还清。我把所有地区有一定影响力的，或者是待的时间比较长、资质比较高的人聚集起来，召开了一个座谈会，征求大家的意见："我们文成人现在人数也不少了，为了大家能够互相帮助、互相促进，成立文成华侨的联谊会是很有必要的。"大家都表示同意。我们这几个比较热情的，就开始筹备。这个联谊会的指导思想很明确，既然是文成华侨联谊会，就要为文成侨胞服务。

我提出来，没有会址就不成会，大家觉得有道理，但捐资是个难题。后来我开动脑筋，想出一个更好的办法：可以通过股份制的方式集资购房作为会址，大家自愿出资，出资的人有产权，产权永远是他的。但是有一个前提，不允许租给别人，只能免费给文成联谊会使用。大家都接受了我的提议，一共有15个人，分了19股，那个时候我们都不是很宽裕，但大家还是集资买下了这处房产作为会址，会址

洪才虎当选法国文成联谊会会长，在就职典礼上致辞

在巴黎东边的近郊，相对来说房价比较便宜，大概 80 万法郎。

1991 年 11 月，文成联谊会成立了，大家推选一位姓朱的老华侨当会长，他则推选我做第一副会长。因为他自己年事已高，加上体弱，实际活动就由我们这些年轻人来执行。后来，我被选为第二届会长，之后又担任名誉会长，我夫人胡翠英连续多届任副会长。大儿子洪震波被推选为第九、十届会长，第十一、十二届名誉会长。女儿洪玉洲、小儿子洪渲、均担任过副会长。

我们先是办中文学校，里面的学生都是会员的子女，还有周边一些东南亚住户的子女。学校请了一位中文老师，在周末的时候负责教习中文，我们会补助老师一些工资。 和大使馆建立好关系后，我们会举办一些大活动，比如说在国庆日的时候，我们都聚集在一起庆祝，接待国内来的客人，一般招待的都是温州地区的人，发展到后面，外省的人来，我们也接待，像江苏省的侨联主席等。后来，我们回到国内，他们也常常跟我们联系，邀请我们参加侨联的活动。1995 年，我在任的时候还参加过北京举行的国庆活动，全国侨联主席接待了我们。2009 年，大儿子洪震波受邀参加新中国 60 华诞阅兵仪式，登上过观礼台。

关心家乡，就医、教育、养老样样不落

1991 年，我们刚开始筹备文成联谊会的时候，浙江北部发生了一次严重的水灾。那个时候我们还只是筹备委员会，就开始赈灾募捐了。1994 年，我在任的时候，文成发生特大水灾。我就召集骨干会员进行捐款，我第一个带头，那次大概捐了几十万元人民币支持家乡抗灾。

1992 年，我夫人胡翠英携大儿子洪震波回国探亲，得知玉壶人民久盼的玉壶至上林的公路由于自筹资金不足迟迟不能立项，夫人携大儿子立刻表态愿意捐资支持。在餐馆开张不久，尚未还清债务的情况下，得到家庭成员的赞同，捐资 10 万元，凑足了自筹资金，使项目顺利立项，开工通车。

1998 年，我们法国侨胞组织捐资 50 万元建立了玉壶医院综合楼。那时，我虽然不是会长了，但捐建医院的事情是我与时任会长共同牵头的。这件事缘起于我岳父，当时我回文成看望身体不好的岳父，到了老玉壶医院，看见环境非常简陋，病人都在露天打点滴，我心里很不好受："如果有能力的话，我想牵个头，叫华侨做一些努力，让政府也支持一点，捐资建立新的玉壶医院。"后来我到了荷兰，胡志光和我有一些亲戚关系，他很有影响力，我跟他提了这个建议，他很支持，也做了捐资工作。我还有一个老朋友是卫生局局长，我嘱托他多关照一下玉壶的医疗建设，玉壶有些封闭，看病是一个很大的事情，不能轻视。最后在多方合力下，1998年，新的玉壶医院开张了。

2003 年的非典，2008 年的汶川大地震，2009 年的玉树大地震，2016 年、2018 年浙南水灾……这些我们都有捐资，还会购买一些防御物资送到文成县。2020 年出现疫情的时候，我在法国，我们文成联谊会发动每个人捐资，把捐款汇到文成，让他们购置防疫用品，在紧急时刻，我们都尽了全力。

2010 年至 2011 年，我大儿子洪震波当了会长。我当时想，应该发动侨胞捐资助学，就跟他商量了一下："你在任时应该要做一点事情。"当时我想，教育基金跟医院比起来，被理解和接受的程度是不一样的，有的人会认为教育基金可有可无，并不像医疗那样迫切。我告诉他："你还是要做，不要勉强大家，也不要挨家

挨户地去筹资，人家愿意出多少就出多少，你定一个数额，到时候不够的部分，我们洪家来凑！"后来凑成了50万元的教育基金，直接汇款到文成县，供教育局使用，支持了文成的教育事业。

2023年，我的母校玉壶中学要被注销。消息一出，大家都很着急。不仅因为它是我的母校，更因为它是玉壶镇唯一的中学。我和荷兰的侨领胡允革一起，向文成县政府提出意见，恳请能够保留玉壶中学，并且提升教学环境与质量。文成县政府听取了我们的合理诉求，同意保留，并将其提升为文成县华侨实验中学，于2023年7月10日正式揭牌。为了帮助学校更好发展，玉壶的侨领们共同筹建了文成县玉壶教育爱心协会，我带头捐资100万元。这个协会已于2024年4月2日正式揭牌，我担任第一届名誉会长。我对教育一向非常重视，除了办成这件事外，我还计划捐资创办玉壶书院，提升玉壶镇的文化环境，这个计划正在实施中。

玉壶申请"国际慢城"称号之前，有人认为玉壶没有其他特点，是边缘化的，唯一的特点就是华侨，华侨又很难在玉壶创业，所以提出了这样一个"国际慢城"的设想。慢生活符合玉壶的特点，这里有很多侨眷和归侨，每户基本上都是侨眷，都有亲人在国外。在这里生活，你看不到工厂，也没有大的企业，这就是一种慢生活。后来，玉壶申请"国际慢城"称号，得到了国际慢城联盟总部的肯定。"慢城"这样的定位是很好的，符合玉壶的实际情况。

现在，玉壶的养老问题比较难解决，我之前在座谈会上几次提了自己的看法和建议，玉壶的特点是华侨、侨眷多，留在玉壶的华侨的父母亲年纪都大了，他们很挂念在国外的孩子，没人照顾他们，这是一个很大的问题。

这些华侨的父母一般都是在家里养老，老人家要求不高，请一个保姆就够了。玉壶这里的保姆只是烧饭、洗衣，其他事情可能都做不到，也没有经验。20世纪80年代，大批玉壶人出国，计算一下，那时出国的人现在都已经到退休年龄了，这批人是在国外养老，还是回来养老，就要看玉壶有没有合适的养老环境。所以我想，玉壶应该有一个中高档的养老中心，这样的话，国外的子女把老人家托付在这里，他们在玉壶也有种落叶归根的感觉，很有安全感，很舒适。

2022 年，法国驻华大使代表法国总统为洪晓波（右）颁发法国国家功绩骑士勋章

"我们的根在中国"

老华侨出生在中国，经过不同的年代，看到中国从贫穷到富强，国力慢慢提升，这份感情是没办法替代的。我们儿子这辈也受中国教育的影响，他们毕竟 10 来岁才出国。我们的孙辈，虽然没有上中文学校，但都会说普通话，可以用普通话交流。孙辈的孩子基本上都不会说温州话了，因为温州话的局限性比较大，温州以外的人听不懂。他们比我们的条件好一点，创业的机会更多一点。我希望他们不要忘记祖国，不要忘记祖国的语言，一定要把中文当作必修课，有机会可以回到中国发展，我们的根在中国。

2022 年 12 月 2 日，法国驻中国大使代表法国总统在广州为洪晓波颁发法国国家功绩骑士勋章。晓波在发表感言的时候，最后一句话感动了所有在场的中国人，他当时说："我生在中国，读书在法国，法国给我智慧，但我的心永远在中国。"这就是一种情怀。现在唯品会平台做得这么大，他也感谢中国社会，感谢中国政府。没有中国的政策支持，他们不可能做到这么大。

我总是教育第三代要有爱国情怀。我觉得知识固然重要，但是人的素质更要紧。道德和诚信是人生的基础，只要这两点具备了，后面的事情无论是大还是小，都会顺利的。做一件事，机会、能力以及时代的影响都是没法预测，先不论做得大不大，只要做得顺利就可以了，而这些道理是要作为家风一直传下去的。我的孙子洪晨东（目前在美国哥伦比亚大学就读），2020年从自己的积蓄中拿出5万元人民币，捐给玉壶镇中心小学，用于购买抗疫物资，洪家的新生代继承了良好的家风，"做好自己，服务社会"。

我们洪家这几代人，爷爷住茅草房，爸爸长工出身，到我这一代靠自己慢慢地拼搏出来。我儿子这一代，就有自己的平台去打拼，创业。孙子这一代，初露头角。我们的家风一直都在，厚德、诚信、勤俭，还有创新。

張达义：令人潸然的中法情缘

张达义

张　达义

1945 年生于法国。1954 年由父亲张月富带回温州丽岙老家，在丽岙读书、工作，娶妻生子。1977 年出国创业，并在法国寻找到儿时的养母，他有三位母亲，分别是波兰籍的生母、法国籍的养母、中国籍的继母，在他的人生中扮演了重要角色，演绎了一段令人感动的中法情缘。张达义在法国创办皮件公司，热心侨团事务，无私奉献，曾经担任法国法华工商联合会第二届、第三届会长，现任名誉会长。被巴黎市政府授予巴黎市政府 2000 年荣誉勋章，并多次受到中华人民共和国国家领导人接见。

访谈时间：2024 年 1 月 12 日
访谈地点：温州华侨饭店
受访者：张达义
采访者：施莉
录音、摄影：施莉
文字整理：施莉

从法国到中国，因为我们根在中国

　　我是一名祖籍在丽岙的混血儿，1945 年 4 月出生在法国。我的人生经历了三个阶段：幼儿时在法国成长，青年时在温州成人，成年时在法国开辟事业。我生命中有三位不同国籍的母亲：波兰籍的生母、法国籍的养母、中国籍的继母。三位母亲，是我人生之中无法割舍的三段亲情，这三段亲情也伴随着我这一生。

　　20 世纪 50 年代，我的父亲把我从法国巴黎带回中国，开启了我不一样的人生故事。我的父亲张月富是温州丽岙的老华侨，早在 1935 年就在法国巴黎谋生了，在餐馆做厨工。第二次世界大战爆发后，我的父亲想回到中国，他买了回国的船票，顺利登上了轮船。可当轮船行至苏伊士运河时被战争阻挡了去路，轮船只好重新折返回巴黎。那时候通信难，父亲联系不到中国的亲人，收到的信息都是说中国到处在打仗，难有幸存者。在这样的情况下，父亲决定继续留在巴黎。

　　父亲在法国娶了一位波兰籍女子为妻，就是我的生母。我的妈妈生下我后，第二年又生下我的妹妹约克林。那时候，由于父亲没有经济基础，在巴黎谋生非常艰难，贫穷的生活致使母亲生了妹妹之后就病故了。我父亲一边要养家糊口，一边还要照顾我们兄妹两人，生活十分不容易，所以只好把妹妹约克林送到了外婆家，而

张达义和生母　　　　　　　张达义和法国养母　　　　　张达义的中国养母

把我寄养在法国邻居家，两三个月来看望我一次。

新中国成立，父亲欣喜若狂。因为他一直希望有朝一日能够回到中国，回到家乡。于是，父亲很快办好了我们兄妹的回国手续，但是却遭到了外婆的阻拦。因为外婆不同意父亲将妹妹带回中国，外婆认为如果两个孩子都回中国，以后就没人给我妈妈扫墓了。为了能够顺利回到中国，父亲不得不把妹妹留在法国。法国人多是重女轻男的，因为一战和二战中法国男子的死亡率太高了，法国人思想上会认为男子以后都要去当兵，可能会战死。所以，他们更喜欢女儿。

父亲为什么一定要把我带回来呢？第一，我是他唯一的儿子，父亲受中国传统思想的影响，认为儿子是血脉的延续，要为自己养老送终的；第二，1954年正在经历阿尔及利亚民族解放战争，如果继续留在法国，等我到一定的年龄我也要去当兵，父亲很怕我一去不回。因为多种原因，父亲极力要把我带回中国。

对于当时只有9岁的我来说，并不能明白父亲的这些心思，父亲只对我说：我们是中国人，我们的根在丽岙，我们父子要回到故土。由于我一直生活在法国养父母的家里，父亲的这些话我当时是无法接受的。法国的养父母对我十分疼爱，我与养母一家已是难舍难分。那时，当养母被告知父亲要带我回中国时，她紧紧抱着我，不肯放手。

接下来我们回国的路程也是异常艰辛。1954年，我们前前后后经过45天的长途跋涉才回到温州。这在今天看来是难以想象的。

在我离开巴黎时，养母来送我，她告诉我说，养父曾经在中国云南当过兵，知道中国生活条件很艰苦，"那里的鱼比木板还硬"，并且暗中塞给我几张法郎，她让我到马赛后伺机买火车票逃回来，千万别跟父亲上远洋轮船回中国。

那时候的交通条件很不方便，从巴黎到马赛要坐火车十几个小时。当时火车速度只有每小时约40公里到50公里，到了马赛港，我们要坐轮船，由于订船票以及托运行李等手续很麻烦，我们在马赛逗留了几天。

上火车后，我把法郎塞到了鞋底里，毕竟我才9岁，在火车上我经常盯着自己的鞋底看，"预谋"被父亲识破了，他趁我睡着的时候把法郎藏了起来，后来我看到大轮船非常兴奋，就完全忘记了养母交代给我的事情。

我们千辛万苦登上轮船后，轮船经过苏伊士运河前往埃及开罗，第二次世界大战期间运河中间有很多战争留下来的沉船，如果碰到沉船也是十分危险的，所以当时为了安全起见船开得很慢，20多天后先到埃及开罗再到新加坡。

到了新加坡，轮船停留了几天，因为轮船需要修理和补给。从新加坡到香港的航线上，我们遭遇了台风，台风吹得轮船一直在颠簸，人根本没法站立，有人教我们用绳子把自己绑在固定的地方。同时，我们在船上一直吐，船员告诉我们必须吃东西，不然会有生命危险。

因为当时中国和法国还没有建交，所以我们只能是先到香港地区，再办理到内地的手续。然后从香港到深圳，在深圳坐大巴车到广州，从广州坐火车到金华，从金华坐车到温州。我们就是一路坐车，从金华到温州一天只有一班车，而且还是烧锅炉的蒸汽车，早上从金华出发到温州已经是晚上了。那时候的温州没什么电灯，到处都是小河流，我们到了温州后入住新东方酒店，就是坐小船过去的。两天后，我的哥哥张荫旺，也就是我父亲在丽岙的养子和几个亲戚划着小船来接我们去温州丽岙。

我清楚地记得那天下着雨，眼前都是稀烂的泥巴路，道路两边都是农民种田用的粪缸，空气中弥漫着一股浓烈的臭味。我的父亲在出国前已经娶妻，她就是我的

张达义回乡，受到热烈欢迎

中国妈妈郑灯花，他们还有一个过继来的养子叫张荫旺。对于我的存在，我的中国妈妈一开始接受不了，后来看到我，她就认定我是她的孩子，而且对我非常疼爱，视如己出。

丽岙老家对于我来说是一个完全陌生的环境，和我在法国生活时的情景截然不同，我的父亲让我慢慢学着熟悉身边的环境。我的哥哥也非常疼爱我，我们两兄弟，一个说法语，一个说丽岙方言，言语互不相通，却心心相印。每次我出去哥哥都会背着我，我们的背后时常跟着一群孩子，他们对我这个外国人感到很好奇，但是我听不懂他们在说什么。

后来，父亲知道丽岙有个中药铺的同乡曾经在法国生活过一段时间，会一些法语，父亲就时常带我去中药铺，和老先生交流一下，我还会和他打法国的扑克牌来打发时间。据说，现在丽岙那里有许多人都爱玩法国的扑克牌，就是我那时候带起来的。

就这样我开始了在丽岙的新生活，父亲请了一位丽岙的老先生来教我学习汉字。让我印象很深刻的是，那位老先生教我的第一个词是繁体的"飛機"。学习了一段时间后，父亲就送我到学校里去读书。由于我是下半年回到中国的，第二个学期入学，对我这个一点中文基础都没有的人来说很困难。上课的时候我基本是听不懂的，学期期末考试语文得了 0 分，但数学却得了 100 分。因为数学试卷上都是阿拉伯数字，法国的也是一样，在法国我也上过学。过了半年，我的语文能够考到80 分了，基本能够听得懂日常的交流，但是我的法语开始退化了，因为没有人和我交流，就会逐渐忘记。

在丽岙读完了小学，初中我考上了丽岙华侨中学，后来因为当时条件有限，丽岙华侨中学和仙岩华侨中学合并了，我又转到仙岩华侨中学，由于路途较远，我每天都要走很久才能到学校。所以，我通过努力考到了温州华侨中学，温州华侨中学的条件和教学都比仙岩的学校好，虽然依旧是非常艰苦，但是比农村的学校已经好了很多，我也很珍惜这样的学习机会，很用功，最后以优异的成绩毕业。

初中毕业后，我和哥哥都想出国，我们一起申请护照。1962 年，哥哥拿到了护照，1963 年二月初二离开家，他从温州出发经澳门到达意大利，从意大利到法国，最后到荷兰，在荷兰创业。

话说回我的父亲，我的父亲是 1935 年出国的，也算是较早一批出国的华侨。那时，出国在丽岙是很多人的谋生选择，农村的生活太艰苦了，吃不饱，所以丽岙这里很多人都会想要出国谋出路。父亲那时候出国的手续实行包办制，就是 50 块大洋，有人会给你安排好从温州到上海，再从上海坐轮船经过非洲的好望角抵达法国。全程大约需要 45 天的时间，中途如果在轮船上生病了是非常危险的，听说有些人在船上病故了就直接被扔进大海里了。轮船在马赛靠岸以后，一些老华侨看到有中国人来就会给大家提供吃住，或者介绍工作。就这样，父亲在同胞们的帮助下，慢慢开始他的谋生之路，非常辛苦地做点小生意，赚了一点钱后就从马赛往北走，后来就到了巴黎，到巴黎以后继续做小生意。

1940 年，父亲想回中国，于是买好了船票，上了轮船，结果因为二战，当船开到苏伊士运河的时候遇到轰炸，船又折返回法国，无奈的父亲只能继续留在法国。其间，他从法国的报纸和广播中得知中国正在经历战争，很多地方已经没有人了。由于信息的阻隔，父亲以为自己已经没有家人了，那时候他才 40 多岁，在这样的情况下，他在法国认识了我的生母，组建了家庭，生下我和我的妹妹。父亲在法国一直做小生意，虽然不富裕，但是足以维持生活。后来，他还和别人合伙开了一家皮包公司，楼上是工厂，楼下是店面，父亲负责送货，经常在外面跑，有时要送货到周边的城市。所以，父亲没有时间照顾我和妹妹。再后来，几个股东有点矛盾，就商议把皮包店转卖了，大家分到了一些钱。拿到钱后，父亲得知故乡还在，他就想着要回中国，要把我和妹妹带回去。

父亲和我一起回到丽岙之后，他原本打算在家乡发展，我们回家的时候，家里只有一间屋子，我们一家四口人在一间屋子里生活，十分逼仄。父亲又盖了两间房，家里就变得宽敞多了。回到丽岙的第二年，正好有一条宽敞的水泥路从我们家门口修起来，在当时可以说是很大很宽的一条公路。父亲就想着借着公路做自行车租赁的生意，他购买了几辆自行车，摆在家门口。那时候父亲还买了一辆小孩子的自行车，因为我在法国的时候养母曾给我买过一辆。当我在丽岙的公路上骑着这辆自行车时，后面跟了一串小孩，他们一直嚷着："这个人好了不起！"当时，在农村拥有自行车也是一件非常奢侈的事情。

父亲的自行车租赁生意起初还不错，但是后来发现很多人都赊账，还有就是自行车损坏得很厉害，修理需要很多钱，最终自行车租赁生意以失败告终。由于在丽岙发展并不能维持一家四口人的生活，1958年，父亲决定再去法国，毕竟欧洲经济发展得更好。原本父亲回中国的时候没有打算再去法国，所以当时没有办去法国的签证。20世纪50年代，中法还没有建交，所以办法国签证的手续很麻烦。经过一番周转，父亲再次来到法国。当时，父亲的年纪比较大了，在法国他也只能到餐馆里打工，直到我哥哥去了法国，他们才在一起开了一家餐馆。

1975年，父亲因为年迈，回到丽岙安度晚年。1977年，父亲因病在丽岙去世。我的父亲张月富是爱国爱乡的老华侨，是中华人民共和国成立后温州地区第一位归国华侨。

我从华侨中学毕业后，一心想着出国发展，因为特殊的身份没有上大学。1963年，我进入丽岙华侨陶瓷厂成为一名国有企业的工人，在当时也是一份不错的工作。按父母的意愿，我在丽岙娶亲。我的妻子童秀珍是温州人，婚后育有两儿一女。就这样，我在丽岙生活了近三十年。

张达义（右三）参加瓯海恳亲联谊

世界温州人博物馆展品征集小组赴法拜访张达义（左三）

寻找养母的念头从未间断，我从中国回到法国

父亲在世时，无论如何也要带着我回到中国，并且希望我一直在中国生活，不允许我萌生去法国的念头，但是我很希望去法国看看我的养母。中学毕业后，我和哥哥一直在申请签证，哥哥的申请通过了，但我的申请却如石沉大海。直到父亲过世我才知道，是因为父亲不想我出国。

在父亲的传统观念里，我是张家传宗接代延续香火的一根苗儿，所以，父亲切断了我与法国的一切通信往来，把我们在巴黎生活过的所有地址都藏了起来。直到我在丽岙结婚生子，父亲的态度才逐渐缓和。当我长大后，我开始理解父亲的心情，在意父亲的想法，会尽量顺着他的想法。因此，我暂缓了出国的脚步，安安心心在华侨陶瓷厂上班。

1977 年，父亲走后，埋藏在我心中的另一股血脉开始涌动，回中国这么久，我常常想起在法国生活的情景，想到住在养母家中的时光，以及我的生母。还有一段小故事，就是我回到中国半年后，曾收到过一个包裹，里面是一套米老鼠的童话书，这套童话书在法国售价很高，一册就要 50 法郎，我一看包裹就知道是养母给我寄的。所以，我知道养母一直在想念我。

料理完父亲的后事，我又开始准备申请出国护照。父亲去世后一个月，我申请到了护照。我一拿到护照，我就立马给在荷兰的哥哥打电话，告诉他这件事并请他帮忙办理签证。通过哥哥的东奔西跑，三个月后，我去荷兰的签证办下来了。

真的要出国了，我反而心里有点不舍得，舍不得我的中国妈妈，因为她确实对我太好了。从我 9 岁回到丽岙，妈妈就很照顾我，我想要什么妈妈都会满足，虽然刚开始的时候语言不通，但是她能感受到我的喜好。我小时候很喜欢吃水果，但那时候农村的水果很少，可妈妈每次从外面回来的时候都会给我带一些甜瓜、梨什么的。

当妈妈知道我办好签证准备出国的时候，她又哭又笑。她开心的是我多年的梦想终于要实现了，难过的是我要离开她远行了，她很舍不得我。我只能安慰她，给她做思想工作，后来妈妈也想通了。我妈妈那时候身体不太好，我专门联系了两位

医生也是我的好朋友，委托他们帮忙照看我的妈妈，这才使我放心。

　　还记得在北京上飞机的那天，我太太在机场送我，她伤心地在一边哭，我就问她："哭什么？你应该为我高兴，我18年的愿望终于要实现了。"就这样我头也不回地上飞机了。从北京出发飞往荷兰，要在罗马尼亚转机，再飞到荷兰的阿姆斯特丹，飞机在荷兰降落后，是侄女来接的我。我坐在车上看到荷兰宽敞的高速公路，心里很激动，确定自己来欧洲的选择没有错。

　　在荷兰与哥哥会面后过了两天，我和哥哥说我要去法国巴黎寻找养母了。随后，我联系了在法国的表哥，希望他能帮我一起寻找养母。到了法国巴黎，我发现这里有很多朋友都认识我的父亲和我，18年之后他们依然还记得我。当我向他们打听我养母的住址时，大家却都表示并不知晓。

　　没有住址，没有电话，早年，父亲为了切断我再去法国的念头，把所有的有关生母与养母的信息都抹去了，凭着一颗思念母亲之心，我在茫茫人海中不断地寻找。一处一处地找，一个人一个人地询问，都没有打听到可靠的信息。后来，我得到一张名片，上面有我曾经就读过的学校的地址。我去这所学校询问，千方百计找到我当年的老师，从老师那里得知养母居所的大概位置。但是，那位老师告诉我那片地方已经拆迁了。我不想放弃，于是又找到负责拆迁的有关单位询问那片居所拆迁户搬到了何处，才知道了大致的方位。我和表哥到具体的地点一看，当场就傻眼了，那里全部都是高楼大厦，在那儿找人无异于大海捞针。

　　那时候，我已经不记得养母的全名了，只记得她名字的首字母是"Ｖ"，我们找到小区的物业，和他们说明了情况，他们把所有住户的名单给我们看，厚厚一叠。我只能是抱着试试看的心态，看到名字首字母是"Ｖ"的住户就去敲敲门。我选的第一个人住二楼，表弟上前去敲门，门没有开，但是里面有声音问："是谁？"我表弟就用法语回答说："这里有个人从中国来，叫作张达义，他想找他的养母，不知……"话还没说完，里面的锁啪啪啪地一层层打开，一个头发花白的妇女出现在眼前。当时看到她，我激动得说不出话来，这就是我的养母，我思念了18年的养母，和我记忆里的养母一模一样。就这样，我的眼泪情不自禁地唰唰往下流，她看到我也是泪流满面，整整10分钟后，我们才缓过神来。重逢那天的场景，我这辈子都不会忘记。

几十年过去，现在我的脑海里依然记得养母望着我时那充满母爱的眼睛，养母给我洗澡时那双轻柔而温暖的手。我五六岁时得了麻疹，养母整日整夜地搂抱着我，我发高烧体温40多度，养母寸步不离守在我边上，每隔一小时就给我洗一次澡降温。

相认后，养母招呼我们进屋坐。养母从抽屉里拿出一沓精心存放的照片，其中有我结婚时的照片，我儿子、女儿出生后的照片。我很奇怪，问她："你怎么会有这些照片？"她说："你爸爸每次从中国到荷兰，都会来看我，带来关于你的消息，这些相片也是他给我的。"我知道我的父亲就是怕我和养母联系，让她给我办去法国的手续，但是他还是很关心我养母的。当我在法国待了一段时间后，养母的侄女告诉我说，之前养母生病住院，医生曾叫家人准备后事，但是养母却坚定地说："我还没有见到我的中国儿子我不会死。"

找到养母后，我分外珍惜与养母的时光。我又找到了我的妹妹，与她一起给我的生母扫墓。

当我在法国安顿好以后，我就把我的妻子和孩子都接到了法国。每个星期天，我都会带上我的家人去看望我养母，养母也很开心地享受这天伦之乐，她会早早准备好吃的，买来我的孩子喜欢吃的巧克力和面包，站在窗口等着我们到来。

其间，养母还拿出一套粉彩描金龙凤纹瓷碗和汤勺，她告诉我说："这是你父亲在你小时候给我的，让你吃饭的时候用，碗、勺上面的龙凤图案代表着中国，让你不要忘记你是个中国人。现在你来了，帮你保管了26年的东西可以还给你了。"当我看到这套碗、勺的时候，非常感动，多年来她一直帮我保存着这套碗、勺，并一直坚信我会回来找她。

这套碗、勺对我来说很珍贵，它现在被存放在世界温州人博物馆里。2018年，温州市委统战部有关领导来法国征集世界温州人博物馆展品的时候，我和妻子思考再三后，决定将这套碗、勺捐献给世界温州人博物馆。

在我找到养母一年后，她就过世了，她没有遗憾地离开了。当然，我在找到法国养母后，并没有忘记在丽岙的妈妈，每年都会抽时间回中国陪伴老人家。中国

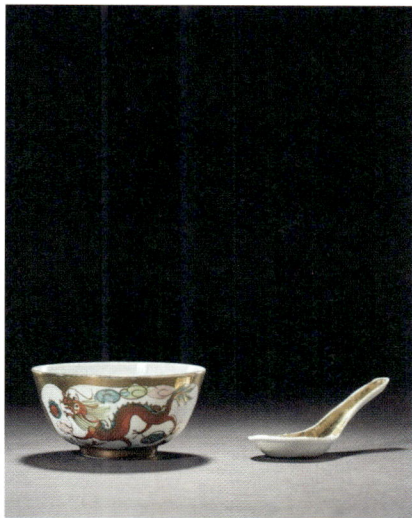

张达义捐赠粉彩描金龙凤纹瓷碗、勺

妈妈 60 多岁时患病，到 80 多岁时过世，其间我只要在中国就寸步不离地守着她。有人说，我是丽岙远近闻名的大孝子。

而今，我的父亲和中国的母亲均已过世，但我每年清明雷打不动必定回家乡扫墓，前几年因疫情没法回国，后来交通恢复了我就立马买机票回来了，我和我的孩子们说，只要自己还走得动，就一定会回来给父母扫墓。同时，我也时时告诫子孙们"我们的根在中国"。

靠一条西装背带在法国创业

1979 年，我返回法国找到养母后就留在法国，开始艰难的创业之路。为了补法语，打破在创业路上的语言障碍，我白天在皮革工坊里打工，晚上拿着一本中法字典，一字一句重新学习法语。最初，我和养母交流的时候也是拿着字典，指着文字告诉养母我要表达的意思。没多久，我凭着艰苦打拼省下来一笔钱，把在丽岙的妻儿接到了法国。

张达义（右）与张荫旺合影

在表弟的帮助下，我开始做一些皮具生意，妻子在家里裁皮具，孩子们放学回来后当"帮工"。一次偶然的机会，有个法国客户需要1000条西装背带，问我可不可以做？其实我没有做过，但是我看了样子之后觉得应该不难，就硬着头皮接下了。

随后，我就拿着图样去找原料，又买了一台旧的缝纫机，把原料拿回家后，我自己剪样板，妻子负责用缝纫机缝，孩子们放学回来后帮忙把扣子扣起来。就这样全家齐上阵，连夜赶工，在规定时间内圆满交了货。那时候加工一条背带大概可以赚两个法郎，这样算起来是一笔不小的收入。有了第一次的经历，我觉得这个生意可做，于是开始跑市场，做背带加工生意。

再后来，我和表妹合作开了一个小作坊，也是做背带。当时，我们没有原始资金，好在有一位热心的朋友愿意出面为我担保，让我先赊账拿原料，交货后再结算。为了设计出最新款式，我还经常去意大利米兰，学习和了解时尚流行趋势。一年之后，表妹由于身体不好退出合作，但是我依然坚持这个生意。我的大儿子也加入其中，我们从最早的家庭作坊到正规的小工厂，机器设备也越来越专业化，靠着诚信、务实、产品款式新颖深受欧洲市场欢迎，在背带加工这个小行业里越做越好。从40平方米到200平方米，再到现在一楼是300多平方米的工厂，二楼到四楼是我和两个儿子的住所，产业规模越来越大。这个生意我做了30多年，直到我退休。

当我在法国落脚，事业稳定后，我开始投入华人华侨社团工作。因为我在丽岙的时候就认识很多华侨，与大家关系都很好。有一天，丽岙的同乡黄品松先生来找我，他与我商量说要成立一个侨团，问我要不要来参加？我当时是这样想的，虽然我们那时候华侨在法国已经积累了一定的经济基础，但是个人的力量是有限的，在法华人华侨越来越多，只有团结起来才能更好的发展。所以，我当时立马就表示了赞同。

我们十多位志同道合的华侨筹备成立了法国法华工商联合会。法华工商联合会是旅居法国的华商中一个以拓展法中贸易为宗旨的群众团体，荟萃了中法商业界的知名人士和优秀企业家，为发展中法两国的友好关系和促进中法两国的商务交流做过许多贡献。我也很荣幸曾经担任法国法华工商联合会第二届、第三届会长，现在还是该会的名誉会长。因为侨团工作，我还被巴黎市政府授予巴黎市政府2000年荣誉勋章。中华人民共和国国家领导人访问法国时，我多次受到国家领导人的接见。

如果有人问我有关自我归属感的问题，我会毫不犹豫地回答："首先我是中国人，然后才是法国人。比如看球赛，有中国队参加，我始终为中国队呐喊加油；没有中国队参加，我为法国队呐喊加油。假如恰好是中国队与法国队对垒，我希望中国队赢。"

采访后记：

2018年7月，当世界温州人博物馆征集小组来到张达义位于巴黎的家中时，看到家乡人来，他很激动，经过简单交流，他小心翼翼地从玻璃柜里取出了一个产自中国景德镇的粉彩描金龙凤纹瓷碗和一把汤匙，并讲述了自己和三位中外妈妈的故事。潘一新、陈晓军等征集小组成员听完故事后表示，这出人间大爱的故事不仅演绎了一段跌宕起伏的侨胞个人家史，还是中法两国民间的一段不同寻常的交往历史。它穿越时空，跨越国度，足以让人们去理解当今倡导的构建人类命运共同体这一时代命题的真谛。

临别时，潘一新主任提出能否征集他的这个有故事的瓷碗、汤匙和那本1978年签发的有时代印记的出国护照时，张达义说需要考虑一下再答复。我们可以理解，他对这些有生命温度的物品所产生的那种不舍情感，但想不到就在当日深夜，小组收到张先生的微信，他同意将这些收藏交给世界温州人博物馆作展品陈列，还捐出一台他在20世纪80年代创业初期使用过的手动打钉机，并表示愿意回国亲自将物品交给世界温州人博物馆。

一个瓷碗，三位母亲；中法情缘，令人潸然。

林加者

1946 年出生于法国巴黎，父亲为中国人，母亲为法国人。后全家跟随父亲返回温州丽岙，在此度过童年。1964 年 10 月 27 日前往法国寻找母亲；1966 年 2 月在法国入伍，在军队里度过了 18 个月的时光；1968 年退伍，开办餐馆；1969 年 2 月，改行经营批发生意，开创了法国"巡回送货"的先河；1975 年开办第二家批发店，成立服装进出口贸易公司；2000 年担任旅法华侨华人会会长；2004 年在巴黎香榭丽舍大街举办规模盛大的春节游行，被称作"中国侨民融入法国社会的一个里程碑"。自法国创业开始，林加者一直热心于中国的公益事业，以实际行动回馈家乡。

林加者：一副洋面孔，拳拳中国心

访谈时间： 2022 年 11 月 19 日
访谈地点： 线上会议
受访者： 林加者
采访者： 蔡安琪、罗甜甜、易永谊
录音、摄影： 蔡安琪、罗甜甜
文字整理： 蔡安琪

唯一的念头：尽早见到母亲

可以说，我的童年是很曲折的。1946 年，我出生于法国巴黎，母亲是法国人。1947 年，当我还不会走路的时候，我父母就决定去中国生活，于是我们一家人来到了温州丽岙。不久后，我的妹妹出生了。那时候，我们一家人在温州，幸福美满。

一直到 1949 年，新中国成立前夕，法国总理在上海要求所有的法国公民立即返回法国。无奈之下，我的母亲只好回国。按理说，我父亲也可以一起去法国的，但是他没有。他在法国打拼好几年，赚了一些钱，回中国的目的就是置办田产，他买了五十几亩地，又盖了两栋房子，还想着之后能在温州办一间木厂，建造别墅。大势正好，他怎么会愿意去法国呢？去法国不就相当于放弃了这里的一切吗？于是我父亲就推辞，说我爷爷不愿意他去法国，让我母亲先带着两个孩子回法国，等到这里的工作做好以后，再去法国跟我们母子三人团聚。我母亲年纪尚小，那时才22 岁，只好同意了。

那时候去法国，不像现在坐飞机这么方便，要先坐轮船。当母亲带着我和妹妹来到上海码头准备出发时，我父亲临时变卦了，他说爷爷舍不得我这个长孙，一定

要把我留在中国。我父亲还安慰我母亲，说等以后爷爷去世了，一切安排妥当，再想办法带我去法国。我母亲不情愿，但当时没办法，最后的一趟轮船就要出发了！临行之际，她也只能妥协，带着我的妹妹先出发去了法国。我与她们挥手道别，想着应该很快就会相见。但没想到，这一分别，就是整整15年。

告别了母亲和妹妹，父亲开始着手自己的生意，不久后新中国成立，正是好时机。但后来因为一些原因，木厂办不成了，父亲就带我回到了乡下老家丽岙。转身一变，我就成了一个普通农户的孩子，在这个小村子里度过了自己的童年。

在乡下的生活并不好过，我在那里长大，村里的人却会指着我起哄："他妈妈是法国人，他就是半个中国人！"我很想念在法国的母亲，在此期间，我也多次想联系母亲，但是那个年代通信不发达，当时中法还没有建交，我与她之间没有丝毫的联系，地域的隔阂让我格外思念。再加上，我的父亲后来又重新组建了家庭，我多了一个后妈，又多了四个弟弟、妹妹。后妈在有这么多的孩子情况之下，自然顾不上我。可以说，我小时候唯一的念头，就是早日和母亲相聚。

我作为家里的老大，肩负的责任很重，要帮家里干活。我只读过两年半的小学。这两年多的时间里，头一年老师说温州话，第二年老师说普通话了，但我也没学到多少知识。我放学回到家里，都是把书包一扔就要去干活了，哪里有时间去学，又怎么能学得好呢？没过多久，为了帮父亲，我只能辍学去种田放牛，那一年，我才10岁。

11岁的时候，我加入了合作社。1958年，吃上了大锅饭，合作社变成了公社，我依旧记得，一共十分的工分我能记五分五，这在当时也算不错了。我还记得，在我十七八岁的时候，每个村都要动员村民去挖水库，要在大罗山的最高处修建一座天河水库，我也参与了。那时候我年轻力壮，就被叫去挑泥、挑土。要上山，连条上山的路都没有，我爬上高高的山顶，一眼就能望见对面的龙湾，还有现在龙湾机场的位置，风景很好，这让我印象很深。

没有母亲的照顾，加上辛苦的体力劳动，总而言之，我的童年过得比较艰苦，这也让我更加期盼和向往未来，我时常在想，我什么时候才能出国？我还能不能找到我的母亲呢？我妹妹怎么样了呢？这些问题都深深地埋在我心里，我多么希望，

林加者幼年时期全家福

青年时期的林加者

有朝一日能够跟我的母亲和妹妹团聚。

第一份成人礼，法国寄来的护照

1964 年，我 18 岁，这一年发生了一件大事，中法正式建交！趁着这个关头，我终于联系上了远在法国的母亲。

但想出国并不是那么容易的事，那时候中国是不允许公民随意出国的。正在这时，我母亲从法国给我寄来一本法国护照，这是她给我的第一份成人礼。1964 年10 月 27 日，我拿到了自己的中国护照。一个星期后，我手里捏着这两本薄薄的护照，毅然动身出发。

离开温州后，我先到了丽水，又去金华坐火车前往广州。刚开始，还有一个从国外回来的老华侨，陪着我一直到广州，之后的路程都是我一个人走的。接着，我又从深圳通过罗湖桥到达香港，当时罗湖桥的后半段和香港还在英国统治下。到了香港，我就用法国护照。大概三天以后，我坐上了从香港飞往法国巴黎的飞机。

这一路上，有许多侨办的工作人员来接送，温州的、金华的、广州的……因此，我几乎是被一路护送出国的。但作为一个农村人，我小时候也没有去过别的什么地方，印象中我到过最远的北边是温州市中心，到过最远的南边是瑞安，所以这是我第一次离家远行。说实话，我当时不懂法语，只上了两年学，就连普通话也说不好，所以这一路比较艰辛，但幸好最终的结果是好的。

等我到了巴黎，我的母亲和妹妹来机场接我，看到对方，我们都很感慨和激动，经历了十几年的分别，我们一家人总算是团聚了。

二战结束以后，在温州像我们这种中法结合的家庭还有十几家，但是我运气比较好，1964年就出国了。接下来因为"文革"，出入境管理变得更加严格，这些家庭的人就出不了国了。这种情况一直到1977年才有转变，而他们这些留在中国的人基本上都组建了新的家庭，去法国就要考虑更多的因素，得拖家带口，出行比较困难。

我父亲比我提前两年到达法国，等我到了那里以后，我才知道我爸爸得了很严重的肺病。在那个医疗技术不发达的年代，这种病是很难医好的，所以一到法国，我就火急火燎地把他送到医疗中心接受治疗。当时，我爸爸在法国跟别人合伙开工厂，他是工厂股东。他住院后，我作为长子，自然需要帮他处理一些工作上的事务。

我很幸运，在这之后的每个周末，以及工作的空余时间，我母亲都会来教我法语，从最简单的拼音开始学起。渐渐地，我能跟别人进行基本的沟通和交流了，这段时间的学习是比较辛苦的，但对我之后的生活和工作帮助很大。

通过一年多的治疗，我父亲的身体慢慢痊愈了，他重新开始接手工作，我也踏上了服义务兵役的道路。

20岁，部队里特殊的18个月

到法国时，我已经成年了。按理说，我应该先去当兵的。法国是全民征兵制，年满 18 岁必须当兵，这是每一个公民的义务，但是这时候又出现了新问题——我对法语一窍不通。于是，我母亲就去和相关人员争取，她对工作人员说："我的儿子刚到法国，目前还不太适应，入伍这件事先放一放，接下来我也努力教他法语，等他语言过关了，再去当兵。"当兵这件事就暂缓了。

1966 年 2 月，我入伍了。按照当时的规定，我要当 18 个月的兵。在部队里的生活其实很简单，每天军训。早上大概五六点起床，早操以后再转一圈。法国部队的生活总体上是比较散漫、轻松的。不过，头三个月比较辛苦，我们刚进来的这些新兵，每天要背着一个大背包，拿着枪走 30 千米的路。我还记得我们穿的那双靴子，材质十分硬，走路磨脚。我在身高上虽然跟法国人差了一截，但我从小在农村务农、放牛，走起路来比他们快多了。

在同一个部队里同一个班的队友中，有的人连一天都适应不了，甚至几度落泪；有的人累倒被车子接回去了，我还帮队友提枪、拿包。这些训练用的东西大概 25 公斤重，我一声不吭地帮他们提了一路。这段时间的训练对我影响很大，磨炼了我的意志，让我未来在任何困难面前都不轻言放弃。我现在还记得很清楚，当时排长对我的夸赞："你真是了不起！"

不过这 18 个月的兵役，我真正参加训练的只有 6 个月，这要从我右手的无名指说起。那时，部队里举办了一场盛大的庆祝会，大家都在房间里喝酒、唱歌，当我想从里面出来的时候，别的队友就拦住我，让我再请他们喝一杯，我不同意，当时我的法语也不行，只能进行简单的沟通，结果两边说不清，大家都有点着急了。当他们跟着我出来的时候，一推门，啪的一声把我的右手无名指夹在了门缝里面，其他人看见了也开始着急，使劲拉啊扯啊，就把我的手指头拉断了。后来，大家把我送到了部队的医院里，我光住院就住了整整 6 个月。因此，我的这根手指头是短一截的。

在法国当兵每隔一段时间就可以回家住一个星期，所以我经常去看望我母亲和妹妹，跟他们聊聊天。这么满打满算下来，18 个月当中，我有 6 个月在家里，有 6 个月在医院，真正在部队训练的时间只有 6 个月。

在部队里，因为语言原因，我几乎没有什么朋友。但是团长对我很好，他以前去过亚洲，所以一听到我是中国人，就很激动，经常跟我聊天。有一次他问我："如果有一天，法国跟中国打仗了，你该怎么办？"我说："我不开枪，马上投降。"他就假装很生气，说我这样不行。其实，这些也都是我们在开玩笑。可是说真的，我一半是中国人，一半是法国人，我打谁呢？我知道，我谁都不能打。

我到法国当的是义务兵，但20世纪80年代以后，很多来法国的中国人为了留在这里，会选择去当兵。服役期满，他们可以拿到法国的居留许可。两者情况不一样。

在入伍当兵的这段时间里，我的法语进步很大，已经能够与法国当地人进行沟通了。这为我未来的发展打下了很好的基础，所以，我很感谢在部队的时光。

开餐馆、搞批发，先有信用再有生意

当兵回来以后，我就开起了餐馆。开餐馆的起因很简单，我父亲当时认识了几个朋友，大家都想挣钱，于是我们三个股东就商量着一起在拉丁区租店面开一家餐馆。那条街很小，而且学校很多，可以说是"学生区"吧。本来生意还可以的，但是我们运气不好，正好遇到1968年法国的学生运动。学生们整天在餐馆门口游行，吵闹。学生一来，催泪弹一扔，我们眼泪直流，眼睛根本睁不开，所以餐馆一点生意也没有。仅经营开了一年，我们的餐馆就倒闭了。三个股东最后一算，一人分到三万法郎，其实这在1968年也是很了不得的事了。

后来，我岳丈认识了一个中国的老华侨——任岩松，他当时经营批发生意，但不知怎么不愿意做了。我们夫妻俩知道这个消息，商量了一下，就接手了这项生意。1970年2月，我做起了批发商，批发围巾、皮带，在法国巴黎开了一家店，这是第一家中国人开的批发店，为我赚到了人生中的第一桶金。

刚开起来的时候，我们手里没有资金，客人也很少，没有生意。那该怎么做呢？于是我想了个办法，要"走出去"。于是，一年里有半年我都在路上，一辆老洋车，装满了货物，一座城市一座城市地"巡逻"，送货到家，开启了"巡回送货"的先河。

法国这个地方，山比较多，而且当时交通不太方便，也没有高速公路，别人来进货基本要两三天时间。所以我比别人多做了一步，我开车经过各个摊位、店家的时候，就跟他们说，有现货在我车上。这样一来，方便了他们，我们的生意也好起来了。

这一年，我从法国巴黎一直开到西班牙边境，有 1000 多千米的路程，往东一直到斯特拉斯堡，往西一直到英国边境。这一年，我不敢把车停在路边，怕偷盗，又嫌住旅馆贵，所以我有 6 个月的时间都躺在车里睡觉。有时候，我一天连续开 12 个小时车，回到巴黎装满货之后再出发。我太太在巴黎开店，我在外送货，我们两人艰苦创业。经过四年时间的积累，我的生意才有所发展，客户也多了起来。

20 世纪 70 年代，批发没有什么进口的，我初出茅庐，进货也是先把钱给工厂，再拿货。到了后来，生意做大了，信用也有了，他们都愿意将货卖给我，付款的方式也变得更加方便。等到生意好了，货物种类、样式多了，我就把皮带、皮包和围巾分开销售，正好原来的店对面有一家店空着，我就收购过来，停止了"巡回送货"。

后来，我们又成立了一家服装进出口贸易公司，但说实话，法国的贸易公司其实很小。在法国，就算是小店也可以称为"贸易公司"，所以我们的规模其实不大，只有八九个员工，都是法国人，聘请他们也只是为了方便开发票。不过在当时那个年代，这样也算是比较成功的。

那时候印度的围巾做得很好，等法国的生意做得差不多了，我们又从印度进货，主要是丝绸一类的货品。后来，我去了中国"丝绸之都"苏州、杭州等地进了好几批货，在法国的反响都很不错。

但是从 1995 年开始，我的时间和精力大多花在了法国华侨华人会上，这两家店就全权交给我妻子进行管理。

在国外，华人会就是另一个家

二战结束以后，19 世纪二三十年代出国的一批老华侨们留在法国，创办了法国工商互助会。当时，法国还没有中国大使馆。这些老华侨们在法国的处境并不好，但是他们非常爱国，即便法国政府威胁不给他们居留证，他们依旧坚定自己的立场。在这样的背景下，法国工商互助会诞生了，但是一直受到打压。1964 年，中法真正建交，这个组织才开始发展、扩大。

1970 年，"法国工商互助会"改为"旅法华侨俱乐部"。改成俱乐部要集资啊，我爸爸是老华侨，他捐了整整 2 万法郎。周围的人叫我也捐点，可是当时我一个月的工资也只有 500 法郎，于是我咬咬牙，就把我整整一年的工资，也就是 6000 法郎，都交给了俱乐部。正是大家的共同努力，才让这个组织可以持续发展下去。

听到"俱乐部"这三个字，有些人可能会误会，就以为是带有赌博性质的游玩场所。其实不是的，俱乐部是为我们这些法国华侨们提供聚会的场所，每年过年过节，可以在这里聚一聚、玩一玩。当年，我们创办这个组织的目的也很简单，就是大家可以在一起打打乒乓球，看看电影。我还记得我曾带着我的两个女儿在俱乐部里看过《红灯记》《白毛女》，还有《智取威虎山》，我觉得这些电影都拍得非常好。这些影视作品极大地丰富了我们海外华人的生活，至少让我们在文化上没有与国内脱轨。

1980 年以后，我父亲又认识了很多老华侨，也有越来越多的中国代表团愿意来法国访问。这时候，俱乐部就可以当作接待场所，而我呢，就经常开着车带代表团的人四处转转，随着交流逐渐深入，我也慢慢融入了这个组织。

随着法国华侨人数的增加，俱乐部不"够"了，我们又开始筹备资金，"旅法华侨俱乐部"变成了"法国华侨华人会"。老华侨们用捐款在法国巴黎的庙街旁边，找到了一个 1000 多平方米的场地，这里地段很好，在这可以举办更多的活动。我当副主席的时候，就在八九个教室里免费开展中文学习活动，教授华侨们学习中文。2000 年，学生数量超过了 1200 个，这件事情，也受到了领导们和外界的一致好评。

虽然待在法国，但作为一个中国人不会中文是不行的；作为华侨，融入法国社会是对的，但我始终认为，应该保留我们中华民族优秀的传统文化。

除此以外，每年的国庆节，我们都会租场地，邀请国内著名的歌舞团、歌星，

林加者受邀参加庆祝中华人民共和国成立 60 周年阅兵式观礼

来我们华侨华人会。后来，我们还成立了老人活动中心，为老人们唱温州鼓词，大家都非常高兴，对我们组织的呼声也很高。

不过，我在法国，也并不是一帆风顺的。小问题很多，众所周知，法国是一个多民族国家，中国人在这里偶尔也会跟其他人吵架，有小摩擦很正常。法国的治安也并不是很好，如果你手里揣着一万块钱，走在中国的大街上那是完全不用担心的，但要是走在法国的大街上那就不一样了，有时候会被抢劫，偷窃就更不用说了。我们法国华侨华人会也会经常出面进行协调，解决问题。

除了一些小矛盾外，法国华人会还处理过一些比较严肃的大问题。2000 年，我刚刚上任做主席，当时，巴黎一家剧院的门口放了一个牌子，在宣传一场话剧《华人与狗不得入内》。我们知道了都很气愤，就控诉剧院，找了律师，后来上海黄浦公园也介入进来，那个剧院老板吓坏了。最后，我们官司打赢了，他灰溜溜地把那块牌子给取下来了。

现在，我也已经退休了。我知道，现在的华侨们出国，其实也很艰苦，赚的钱很多只够自己用，除非是一些留学生，进入比较上流的社会会好点。而像我父亲这一批的老华侨，基本上都去世了。剩下来的就是我这一批，20世纪60年代来的，其实现在已经很少了。比较多的是90年代的这些年轻人，现在基本上事业成功，他们的下一代孩子，大多数也融入了法国社会。我很佩服这些在法国出生，也还是能说一口流利的中国话的孩子，这是很不容易的。我也衷心地希望，中国的年轻人能够努力，为自己的国家争光，不要让外国人看不起，这就是我最想对他们说的话。

香榭丽舍的一场游行，轰动全法

当然，除了不开心的回忆之外，也有一些让我很骄傲的事。比如2004年，我成功地在香榭丽舍大街举办了一场春节游行。

这一切还要从2003年说起。那一年春节游行时，我向巴黎市市长德拉诺埃提出了要求："市长，明年是我们中国文化年，是中法建交四十周年，同样也是我来到法国的四十周年，能不能让我们在香榭丽舍大街举办一场大型的活动呢？"当时，德拉诺埃嘴上是答应了，但其实并没有那么简单，他说自己说了不算，这件大事还需要总统批准。我说："好吧，我去说。"

为什么我这么敢说呢？这里要补充一个背景，在法国出生的孩子都有所谓的"干爹""干娘"，因为一战和二战期间战亡的人太多了，如果父母不在了，以防万一，这些干爹、干娘就要尽到抚养孩子的责任和义务，主要是作一个战后保障。话说回来，那一年的总统是希拉克，他还在做镇长的时候，镇办公室主任的女儿认他为干爹，而正巧，希拉克的干女儿是我二女儿的干妈。于是，我就利用这一关系，希望我二女儿的干妈能去跟希拉克谈一谈。刚开始，大家心里想这只是开开玩笑，想要在香榭丽舍大街举办春节游行，怎么可能嘛。结果6个月以后，市政府真的发通知下来了。法国华侨华人会里的朋友们都纷纷开始说："林主席，真的要开始准备了！"

我得知了要游行的消息以后，心里十分高兴，这可是在香榭丽舍大街，但同时又感到很紧张。批是批下来了，但是该怎么来组织游行呢？法国愿意把香榭丽舍大街腾出来给我们中国人举办春节游行，我们要是还像以前一样一两百个人走一走，未免也太小家子气了，这肯定是不行的，要办就办个大的！

当时除了法国华侨华人会以外，还有很多其他的社团组织都参与其中。于是说干就干，我把所有的兄弟组织聚集起来，和市政府一起开了场会，下了"军令"，要求每一个社团都必须拿出一个游行方案。有的社团说要舞狮，有的希望穿上56个民族特色的服装进行表演，有的说要展现中国武术，都很好。我心里很高兴，但也犯了难——我们应该拿出什么来呢？法国华侨华人会作为一个比较大的组织，希望能办出更加具有影响力的活动，展现更加精彩的表演……经过几天思考，我的脑子里冒出了一个想法，都说中国人是"龙的传人"，我们可以在游行当中加入"龙"这一元素，那就舞龙。

说起来很简单，但为了这条龙，我整整瘦了4公斤。那年，我向上海舞美公司订做了一条金龙，在两个月内，用8个集装箱，运到了法国的海边。当时离游行只有不到两个礼拜的时间了，在各种压力和担心之下，我几乎每天都睡不踏实。等到把国内订做的"龙"接到法国的码头后，我们还要安装，于是我们就先把这8个集装箱运到了郊区。当时，舞美公司一共派来了12个工作人员，他们连夜组装好，第二天运往香榭丽舍大街。

听闻这个消息，中国和法国的电视台都来采访我们，我自豪地跟他们说："这条龙有9米高，4.2米宽，120米长！"

当时多高兴啊！结果，下午突然来了个电话，竟然是警察局的人，他们问我："你是法国华侨华人会的主席林加者吗？"我说："是啊。"紧接着，电话那头就跟我说："林主席，你知道吗，我们的桥梁只能允许高度3.8米，宽度4.8米的货物通过，你要怎么运过去啊？"

听到这句话，我整个人都跟被雷劈了一样。我们需要从华人街一直运到香榭丽舍大街，中间有三十几座桥，高度不允许，根本运不过去，如果走边道，那里有三十几万棵树，难道全部都要砍掉吗？不可能。那我们明天就参加不了游行活动了。

这该怎么办呢？挂了电话，我只好问舞美公司的工作人员，他们安慰我说："林

林加者在鄂温克族自治旗人民政府为其所立碑前

主席，没关系，龙的宽度可以缩到 3.8 米，高度方面，可以把上半部分锯掉，后面再加一个集装箱，从边道运过去。"听到这，我松了一口气，这件事总算是解决了。

法国的天总是不见晴，经常下毛毛雨，电视台的人曾担心地问我如果天气不好怎么办。我说，中国的龙是很有灵性的，等到游行的时候，我相信会有太阳的。但是，从前一天晚上一直到第二天早上，一直下着细雨，我也开始担心了。结果到了上午九点多，雨停了，到了十点，太阳出来了。我当时就在心里感叹，这真是太神奇了！

下午一点，游行准时开始。这条高 9 米，宽 4.2 米，长 120 米的龙身，在阳光的照耀下，从香榭丽舍大街的凯旋门一路摇摇摆摆前行。

那天，路上人山人海，在我印象里，香榭丽舍大街从来没有过这么多人。大家都为了看这条龙，到最后，连地铁都封闭了。我二女儿说要来现场看，我们估摸着十二点钟出发应该差不多，结果来不了，最后只能坐在电视机前看。

游行结束后是领导讲话的环节，等到主办方、市长、大使馆代表讲完，法国巴黎大街四周的灯一下子全都变成了红色，太壮观了，太漂亮了，这是前所未有的。

在此之前，法国政府从来没有同意过中国人在香榭丽舍大街上进行春节游行。目前为止，这是唯一的一次。

活动结束当天，我非常激动，从早上五点钟起床一直到晚上游行结束，我一点都不饿，也不渴，精力充足。

这次春节游行非常成功，当时的媒体称其为"中国侨民融入法国社会的一个里程碑"。这不光是因为我下了功夫，其中运气的成分也很大，没想到最后天真的放晴了，给我们提供了一个好的天气条件。此外，还有法国人民对我们的认可和支持，他们能够给予我们信任，让我们在中心大街上举办游行活动，这才能促成这场大型活动的成功。香榭丽舍大街的这场活动，给我留下了深刻的印象，我将永远记在心里。

慈善事业中，教育是我最操心的

1980 年，我带着两个女儿第一次回到中国，主要是来家乡看一看，旅旅游。我 20 世纪 60 年代出国，80 年代回国，我感觉这片土地几乎没有什么大变化，一切还是照旧。后来我发现，中国有很多贫困的地区，还有很多孩子上不了学。于是，我将捐款投向教育领域，积极参与慈善事业，许多爱国爱乡人士也加入其中。

我第一次接触到慈善事业，是在 1986 年。当时，瑞安的万松路还都是农田，有人找到我说："林先生，你能不能赞助一下，我们瑞安没有华侨饭店，你们来，只能住在招待所，条件也不好。"当时的温州市中心已经有一家华侨饭店了。我心想，瑞安也确实应该有一家，我就出了一笔钱。当时的 100 法郎只能换 21 元人民币，我掏光了口袋，就用八十几万法郎，兑换了 21 万元人民币，全都交给当地政府。在修建的过程当中缺钢筋水泥，我也义不容辞地帮忙购置。

1990 年，我又向丽岙镇的学校捐了一栋"林加者教学楼"，就在原来任岩松中学的旁边。这个学校培养出了很多优秀的学生，他们中有的现在也来到了法国，碰到我都惊讶地说："哦！林主席，原来是你啊，就是你给我们捐了一栋教学楼啊！"

后来，中国侨联聘任我，我也感到很荣幸，参与了很多政协会议、人大会议，

林加者一家在林加者教学楼楼下

　　会议结束后，中央会组织我们去黑龙江、内蒙古等地进行参观和访问，当地政府都很热情地招待我们。我发现，这些地方有的农村地区非常落后，于是我们又筹资捐款，为当地修建学校。

　　学校建成的时候，父母一般会让孩子们穿上家里最干净的衣服，来接待、欢迎我们，大家都喜气洋洋的，好像也就没有想象中的那么苦了。但是有一次，在重庆的一个山区发生的事对我触动很大。我依稀记得，那里的山路并不好走，当天村里请我们吃的东西是土豆。村主任告诉我们，为了迎接我们，村里还特地宰了一头猪来招待。一头猪在我们平常人眼里也没什么，但在他们那里，却是非常珍贵的。等到学校落成的那一天，当我们中华人民共和国的国旗升起来的时候，下面很多孩子的鞋都是破烂的。正值秋天，天气也有点冷了，他们站在那里，小小个的，穿得也很单薄。我们看见了，感触很多，城市里虽然发达了，但是乡下的苦孩子还是很多的。我自己小时候的生活也不好过，没有念过什么书，看见他们我心里更不好受了，所以我愿意伸出自己的援助之手。

后来，赞助的地区就更多了，全国各地都有了。有井冈山的青原区坪田的加爱侨心小学、费县的加爱侨心小学，济南的两所学校，还有内蒙古鄂温克族自治旗的体育馆等等，这些地方建成的时候，我都去看了，而且合了影留念。

一个人，如果长大了连自己的名字都不会写，不能交流，那是很可怜、可悲的。我不敢说，我赞助过的每一所学校当中的每一个人都能读到高中、大学，但最起码的，我希望他们都能初中毕业，接受完整的义务教育。如果能够为这些孩子们的成长提供帮助，那么我也算是取得了成就。

其实，我不是大富翁，自己的能力也有限，但是能做的，我都会做一点。作为法国华侨华人会的主席，我也起到了一定的带头作用，身边的亲戚朋友在我的影响下，也加入了慈善行列，面对周围人，我经常挂在嘴边的一句话就是："你们有钱的话，也捐一点吧，我相信人家肯定不会忘记你的。"

近年来，我通过报纸了解到，中国政府在农村教育方面付出了很大的精力，很多山区的人都搬到了平原来住，生活条件也在慢慢改善。我相信，经过一辈辈人接力，未来中国农村的发展会越来越好，农村的孩子也会越来越优秀。

想回到家乡，做些力所能及的事

如今，我已经77岁了，来到法国也将近60年了。在法国，其实也没有什么需要我做的了，我的孩子都已经长大独立了，我没什么要担心的。大女儿在法国航空公司上班，去过世界各地；二女儿在立顿（Lipton）工作。现在，我把我妈妈送给我的一些别墅、土地和资产卖掉了。一方面，因为打理起来实在太麻烦了，每次去都要砍树、打扫，忙得要命；另一方面，我女儿她们都不喜欢去，放着浪费，不合算。目前，我居住在巴黎共和国广场附近，这里的好处就是温州人很多，一下楼就能碰到熟悉的朋友，家附近就能吃到温州菜，平时我和朋友们也经常约着去喝喝咖啡，喝喝酒，到处坐坐，去外面转转，空余的时间就看电视、上网，生活也比较清闲。

但是说起中国，其实我天天都在想。在过去的十几年里，我一年中基本上有半年待在中国，但后来因为疫情，我有三年没有回中国，我真的很想很想回去，我老家还有房子，还有亲戚，我的叔叔现在九十多岁了，我想回去看看他。我在计划回中国的事，我太太也说了，这次回去的话要待半年。我们很喜欢在中国旅游，我去过中国100多个景点，还拍了很多有珍藏意义的照片。

如果还能走得动，我要回到中国去。未来，如果还有需要我帮助的，我愿意继续做一些力所能及的事情。

陈连云：一个爱国侨领的落叶归根梦

陈 连云：

1951 年出生于温州，小学三年级回到永嘉桥头，初中肄业随母亲学习裁缝技术，后经营多种小商品生意。1985 年，创办永嘉县商品购销公司，任经理，现更名为"永嘉县云桥日用工业品产销有限公司"。1998 年，赴纽约，后转赴洛杉矶，经营进出口贸易，同时进行房屋买卖，进而发展到独立开发房地产、婴儿系列产品及日用品、电子产品等，儿女均学业有成。2005 年，参加创办美国洛杉矶温州商会并担任副会长，促进中美交流。

访谈时间：2022 年 11 月 25 日、12 月 22 日
访谈地点：温州市鹿城区民航路 2 号王朝大酒店、线上会议
受访者：陈连云
采访者：郭垚
录音、摄影：吴诗诗、康楠
文字整理：吴诗诗、康楠

勤俭，一生的信条

1951 年，我出生在温州。家里有 6 个兄弟姐妹，两个哥哥，三个妹妹，我排行第三。我父亲原来担任过余杭伪县长秘书，新中国成立后回到了温州，在工商联工作，我母亲是个裁缝。小学三年级的时候，因为我父亲做过国民党公职人员，被下放回原籍，我也就跟着父亲回到永嘉桥头。直到后来平反，我们的户口才从农村户口转为城镇户口，人仍旧留在永嘉桥头。

小学时光我记得蛮清楚，当时在莲池小学读书，没有学校，我们就在居民区的老宅里上课。我当时是年级段学习股股长，要将资料送到各个班级。班级之间都很分散，我就需要满山跑。后来回到桥头，小学读完，要上初中时，父母不让我继续读，叫我去学裁缝。那时我 13 岁，虽然辍学了，但因为能独立去赚钱，心里还是觉得蛮好的。

我从小就勤俭节约，跟着妈妈学习裁剪衣服。她每天会给我一毛钱去吃点心，当时一毛钱可以买一碗馄饨，我就省下来，偷偷地把这些钱都存起来。1 毛钱、5 分钱这样一点一点存，最后攒下了 200 块钱。可以说勤俭是我一生中很重要的品质，我觉得做人必须这样。当然，虽然勤俭是美德，但人和人也是不一样的。勤劳

2008 年，陈连云在北京人民大会堂参加国庆晚宴

的人做什么都很勤劳；不勤劳的人就是不勤劳，不管他先天条件是好还是坏。这样的观念，影响了我一生，决定了我做生意的方式。

为了生计，做百种生意

我父亲很能干，很会做生意，对我影响很大。20 世纪六七十年代的时候，他办了一个铁锅厂，那时候工厂很少，他开厂是敢为人先，我在做生意方面敢闯敢拼就是受他影响。

我刚出来做生意的时候，买卖很杂，什么生意都有——纽扣、表带、香烟、水果、水泥、钢筋、塑料花、弹簧垫圈、阀门等。我还卖过学习资料，初中生的学习资料，印好后卖到外地，还做过镀金戒指生意。反正只要一看到商机，我就会去经营。

有一次，去东北卖表带，也让我记忆犹新。零下 38 摄氏度，我穿了三双袜子，其中一双是东北人穿的那种厚厚的袜子，再穿上棉鞋。结果还是冷，烤火时发现脚上三双袜子都冻住了，脚都没有知觉了。那时候去的地方没有公共厕所，只能在野外方便，零下 30 多度的气温，上厕所冷得直打战。虽然那次赚了蛮多的钱——20 多天赚了 2000 多块钱，但我第二次就没敢去了，太冷了。

当时，国内经济刚刚起步，分配原则有了一些转变，从平均分配走向多劳多得。那时候，供销员走在别人前面，一个镇里都没有几个。有一批供销员叫"飞马牌"供销员，"飞马牌"是当时的俗语，这些供销员大部分不是厂里的正式职工，他们接到别人的业务后，就会供货给有需要的工厂，经常飞来飞去所以人们习惯在他们的称呼前加上"飞马牌"。

我就做过"飞马牌"供销员，帮桥头农械厂接业务。他们厂里的供销员接不到业务，我却能接到很多。给他们提供业务时，我会得到一笔业务费。在农械厂我是拿工资的，我的业务费会分十几个月来拿，每个月 70 块钱，但我其实并不是正式员工，也不需要去厂里上班。我们这些供销员自己出资到外地进货做业务，跑得出业务就赚钱，跑不出业务自己就亏了。

当时做生意是很辛苦的，但为了生活，也没有办法。如果不出去就只能种地，我虽然是农村人，但只有结婚的时候——大概是 1976 年，种过一年的地。种了一年地，收了 2000 多斤谷子。我也算是农业、工业、商业都做过的，用土话来说，就是"除了抬棺材，什么都做过"。

时代风口"人造革"

那时交通不方便，我们出去做生意，都是先到金华中转，因为金华有火车。整个温州地区到金华只有四班车，需要坐一天，出去一趟十分不容易。当时，我去上海进人造革，会顺便到纽扣厂进点纽扣让我爱人卖，那时我的纽扣生意做得蛮大的。

总去进人造革的货，我也做起了人造革生意。当时牛皮贵，人造革是新产品，比较时髦，成本较低，可以做鞋和表带。我算起步比较早的，售卖位置又在桥头，抢占了先机。我观察到做手表带的需求量很大，需要人造革，以前又去出过差，了解上海的人造革进货渠道。于是熟门熟路地跑到上海进货，去南京路的上海第一百

陈连云在世界第二届浙商大会现场

货公司，一次性买了六七捆人造革。当时上海到温州还没有通火车，要么中转，要么坐船，差不多要 20 多个小时。我就坐船把货托运回来，到永嘉后再供给周围的人做表带。刚开始还是小生意，后来人造革的势头越来越红火，供应量逐渐多起来，最后需要用车子来装货。

1985 年，我用攒下来的钱自己成立了公司——永嘉县商品供销公司，这家公司是股份制的。当时，永嘉县一共就批了两家公司，一个是我这家，另一个是桥下的一家。桥下那家公司做的是玩具，我做的是皮革和其他种类，经营的商品种类很多。我通常会去徐州、昆山、江阴这些地方进皮革，进货都是我自己去跑的，我经常出差，有时候从早到晚都吃不上一顿饭。我们做皮革生意的，都知道怎么从货物商标上标注的产地找到工厂，直接去工厂进货。到了一家工厂，就能了解到其他工厂的联系方式，就这样一家一家去比、去看。

有时也会通过电话联系业务，当时打电话也不是一件容易事。最早的时候一个镇上只有十几部电话，要通过主机转接，一些急事很难及时传达。顾客发信息用得最快的方法就是电报，比如说要买两米或是五米人造革，我们看电报就知道了。不管大单子还是小单子，就是一米人造革，我也卖。

建八层大楼，做"人造革"王

20世纪60年代，很多人连鞋都穿不上，脚上一双鞋子能穿一年，破了就补起来再穿。改革开放后，生活水平变好了，大家开始讲究穿戴了，鞋子的形制也多样起来。人造革成本低，价格也便宜，很多人会选择人造革皮鞋。做表带只需要一点点人造革，做鞋的话却需要很多。做完鞋后裁剪下来的边角料都会被利用起来，卖给别人做小部件，比如表带什么的。也有人专门买边角料，因为这些边角料很便宜，买回去后可以重新再做一些东西。

当时温州的鞋很多都是瑞安隆山生产的，很便宜，但是一天都穿不到就裂开了。因为当时做鞋子的工具还是收稻谷用的剪刀，并不是镰刀，镰刀是东北、山西地区收稻谷用的，温州用的是短一些的剪刀。把剪刀放在火里烤红后，再做鞋，人造革经过高温会粘在一起，但这样粘起来是不牢的。我供应人造革，别人买回去后都是用这种做法做鞋，慢慢就有人发现这样的做法不牢固。有了很多经验教训后，皮鞋工艺升级，引进机器设备生产，实现了自动化，人造革的需求量一下子变多了。再后来是做衣服，人造革用量就更多了。我们使用软的人造革做衣服，再加一些东西，手感就更软了，好看又便宜，人造革的生意越来越好，温州府前街的批发商都要来桥头进货。

生意变好后，我造了5次房子。1992年，造了温州地区第一座家里有电梯的房子，就在桥东北大街一号，有8层楼，共1000多平方米。第一层是门面；第二层是小仓库和厨房；第三层是办公室；第四层是自己的住宅，有个酒吧；第五层是仓库，第六层是一个小型舞厅；第七层是健身房；第八层是会议室。这幢楼的名字就叫"云桥大厦"。20世纪90年代，桥头还没有8层楼高的建筑，这是当时桥头最高的建筑。那时，镇政府领导带中央领导来桥头参观我的房子，他们都不相信这是私人住宅。后来，我把四楼居住区打开给他们看了一下，他们这才相信这是自建住宅。

最辉煌的时候，几大银行都主动上门办理存款业务，不需要我去营业厅存。那时，储户存款很少，我这里却有很多现金。我给永嘉贡献了很多税收，永嘉县里给我颁发了"乡镇企业家"证书，我还当了三四届永嘉县工商联的副会长、三届政协委员。

敢闯敢拼，美国掘金

我去美国之前曾去过南非，那个时候很多人在南非开工厂，因为南非商机很多，很赚钱。当时我从温州坐了十几个小时的飞机飞到约翰内斯堡考察。只要有生意做，我是不怕累的。我也不懂英语，就请了当地的翻译。当我到了南非后，就发现这个地方很危险，在饭店吃早餐，店里两道门都是锁起来的——商家怕被抢劫。我住在宾馆里，每天都能听到枪声。我在南非住了半个月一般不敢去银行，非要去的话就一个人出门的时候穿上破烂的衣服，到了银行门口马上进去取钱。在南非做生意，不能被别人知道仓库地址，否则很可能马上就被抢了。生命都难保证了，还做什么生意？我就回来了。

1998年，我去了纽约。20世纪八九十年代出国不像以前，早前出国的人都是因为没有钱，出去打工的。90年代出去的人，大多数是单位里出来的，或者是留学生，或者已经在国内当老板了，比如我这种。我出国主要是考虑到子女以后的发展，想培养他们更上一层楼。因为以他们的成绩，在国内读好的大学是不可能的。如果读一般的学校，毕业后出来一年工资也只有一点。我又不希望他们做生意，因为自己做生意很累很辛苦，都是咬着牙去做的，连休息时间都没有，我想让他们过得更轻松一些。

我是从上海过去的，当时找了一些在美国的温州人，通过他们介绍的律师在美国办公司，以投资移民的方式办下了签证。那一年，纽约雪下得很大，把我们的车都淹没了。我是怕冷的人，因为气候的原因，就转到了洛杉矶。1999年，我在洛杉矶创办了美国奥利克国际贸易集团，把家里人也带过去了。那时候，我的女儿和大儿子都已经上大学了，来这边他们还要继续学习。

开始时，我们租公寓住，一个月大概要1000多美元。我有一辆代步的小轿车，还有一辆运货的车。我主要经营的是外贸生意，做这些生意要有进货和销售的能力。我就回中国进一些好卖的货运到美国来，在洛杉矶租了个仓库，用来储藏货物，一个月租金要好几万美元。中国会定期开设广交会，我会在会上选择要进的货物，再在美国拉斯维加斯的展览会展出，来自美国各州的人就会过来采购。这些采

陈连云（左）和中国公共外交协会会长吴海龙合影

购的人看到我们的货，订了货之后，我们就会从洛杉矶发货给他们。

　　我总是先了解市场，收集市场上要货的信息，再选择进什么货。当地华人在经营的商品，我都会尽量避开。比如，我曾经想做打火机，但发现有好几个华人已经在做了，就放弃了。我经营的商品各式各样，有婴儿车、玩具，也有电池一类的产品，还有童鞋、滑轮鞋。比如滑轮鞋的需求量较大，我就会马上去进。做这种生意，还需要思维活跃，比如我发现美国的玩具很多，几乎每个玩具都需要电池，而电池是一次性产品，消耗很大。于是，我委托律师了解美国的标准，之后就去中国进货，果然很好卖，就这样我一年要往返中美好多趟。

克服千难万苦，换得平静生活

　　在美国做生意，其实也挺困难。因为不懂英语，就得雇一个推销员，这些推销员会去向大公司、小公司、个体经营户进行推销，美国人买东西，必须送货上门。

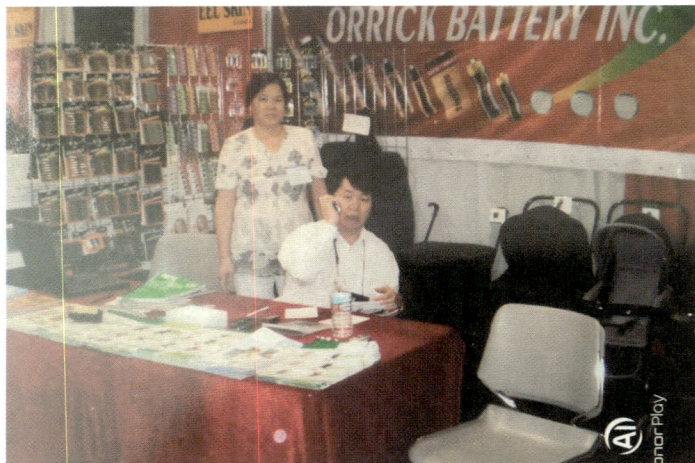

陈连云（右）参加拉斯维加斯国际展览馆展会

有些人会要求先赊账，赊了账之后，我们就得去讨账。他们的门面明明很大，讨账的时候却说没钱。我们也不能当场争吵、强要，后来就提起诉讼，法院判他们每个月还我 500 美元，但三个月以后，他们就不给了。还有一些人赊了账后，第二天就搬走了，你说到哪里去找人呢？

大概用了几年的时间，我的生意才在美国完全稳定下来。美国的人工成本很高：雇一个员工每个月需要几千美元；请一个双语翻译，每个月也要几千美元。中美那时候的汇率大概是 8.3 元人民币兑换 1 美元。

我在美国还会自己开叉车，卸货经常都是我自己来，因为人工费很高，有时就算付费也找不到人。员工 5 点钟准点下班，中国人还好说话，涨点工资还愿意来加班，但有些美国工人，给他们涨工资也不干。一个礼拜就要付一次工资，这些人的工资拿到手一下子就花完了。周日休息，他们周一过来就要钱，说自己要吃早餐。像这些人，口袋里有几十块钱，会想尽办法把这几十块钱用完，只留下一块钱当车费。我还有个员工，拿着 3000 块钱的工资，车子只值 500 块钱，抛锚了也不换。

后来，我就一边做外贸，一边做起了房屋买卖，但主要精力还是放在外贸上。有时候看到合适的旧房子，我就会买下来自己改造一下，并不是像开发商一样开发大片的房子，而是改装旧房子，比如本来买的房子是 3 间，改造成 4 间，这样会好卖得多。如果是外国人来看房子，我会雇个翻译，是中国人的话，我会自己和他沟通，和中国人交易方便一些。在美国，无论什么事情都要经过律师和会计，要在符合美国法律的情况下通过正当渠道申请。

一些华侨是几代人都在国外做生意的，去国外有可投靠的人，一般人可以通过亲戚传帮带，合伙做生意，做熟练了再慢慢分开，我那时只能全靠自己。20 世纪 90 年代出来的人，很多和我差不多，几乎都是独立的。出国后，回国的时间都是不固定的，回国主要是进货，还要去开广交会，在国内停留的时间也少，有时一个礼拜，有时三个月，有时半年。

服务侨团，爱国爱乡心不变

美国有很多商会，商会成员可以互相帮助，比如温州商会、浙江总会等。这些商会需要经济支持，出国做生意的人一般都会入会。我原来在国内工商联也做了十几年的会长，名气比较大，一出国就有人劝我入会，我也就参加了很多商会。1995 年，我担任了南加州权益委员会的主席，我还记得当时李登辉窜访美国，我们都去抗议了。

我在商会里主要还是做接待工作，温州来的局长、副局长都会接待，接待费都是我们出的，负责接待的人就分摊接待费用。一次，我们永嘉的常务副县长来了，但会长没有去接待，让副会长去接待。这个副县长和我关系很好，他们要和我们的商会代表会见并拍照留念。我告诉会长，钱不用他们出，我一个人出，不管怎么样，他们来这里是很难得的，但会长还是不愿意去。我就想，不如我自己创立一个商会，后来我就创立了美国洛杉矶温州商会。

美国洛杉矶温州商会在全世界范围内都算成立比较早的商会，2005 年成立的时候，在洛杉矶市政厅升国旗，我们当时在五星红旗下照相，洛杉矶《华侨日报》还报道过几次。我们的社团成员都是爱国者，每年国庆节或是重大节日，大使馆会联系我们去参加活动，聚集在一起。还会联系一下留美大学生，在重阳节、端午节的时候聚一聚。我参加了3次国庆节活动，分别在2007年、2008年、2010年。不管中国有什么样的活动，发生什么大事，我们都会倾力相助，大家一起筹钱，汶川地震，我们美国洛杉矶温州商会组织了捐款，出国以后，大家也没有忘记故土，时时刻刻心系祖国。

商会主要用途之一是帮助温州华侨，有些人刚来美国，对周围环境不熟悉，我们就会指导他应该要办哪些手续，该怎么办。大家都是温州人，会感受到家乡的温暖，出国早的华侨还会提供一些经验。有些人生意亏损，商会的人就会一起凑钱，帮助他回国，或是解决吃住的问题，总的来说，加入商会是有很多益处的。

"走遍天下，不如温州"

新一代华侨，有的人是有真本事的，他们有奋斗的目标，也会努力学习。也有一些人出国就是为了享受，像这类人的生活方式我不赞同。有些人觉得在美国很风光，但事实上很多人为了谋生同时打三四份工，是很辛苦的。在中国遇到了困难，比如生病了或者遇到什么事情，会有一些亲戚、朋友帮忙，在美国却很少有。不过既然出去了，就要拼搏，有很多人在中国条件很好，到了国外后宁愿洗碗也不要回去。中国人是很好面子的，有些人在中国条件不行，选择出去赚钱，但有多少人去美国能闯出头呢？

我很喜欢中国，我认为，走遍全世界也不如我们祖国好。一个是饮食，一个是气候，还有一个自然条件，中国都是最好的。温州生活比较舒适，不冷，吃的基本上都有，气候各方面都不错，所以我都对别人说："走遍天下，不如温州。"在美国生活了这么多年，我的生活习惯并没有发生变化，还是让太太早上做面条，中午吃饭。我太太是喜欢吃面包的，我不喜欢。温州的变化很大，关键是当地的领导有凝聚力，能把下面的人都凝聚起来，这几年温州向前发展是必然的，不单单是温州，中国其他地方的变化也很大，这是时代的进步。用20世纪六七十年代的眼光看待温州的话，会发现温州现在的发展不得了。

陈连云夫妇与女儿陈东芳合影

顺其自然就是最好的

我现在发展得还可以，子女们原来在做生意，后来不做了。他们有的在做房地产，有的在单位上班。我的大儿子和女儿都毕业于加州大学伯克利分校，小儿子毕业于加州大学。我女儿在谷歌担任经理，她原来在雅虎工作，后来被谷歌挖过去了，现在手下管理几十个老外，薪资也很高，年薪有几十万美元。我一个儿子在单位上班，同时在做一点房屋买卖的生意。他做的房屋买卖和我以前做的不一样，有些类似于中介，卖一套 100 万美元的房子，他能抽成好几万美元。我当初是为了孩子出的国，现在儿女都在国外发展得很好，女儿在国外已经有两套房子了，大儿子和小儿子也有房子了。我现在动员他们回国，他们都不愿意，毕竟现在住的是别墅，工作也比较稳定。他们这一代和我们这一代人是不一样的，我们这一代人的中心思想是奋斗，他们则是享受。我们这一代人思想放不开，还在拼命干，他们却能想得开，认为人活着就是要享受。

以前，人们都说美国遍地都是黄金，到了美国之后，我就后悔了，但人已经到了美国，家里人也已经出来了，开弓没有回头箭。我现在还是后悔的，我时常想，我们要怎么落叶归根？孩子们在美国不回来，我们怎么办？我们是选择留在中国还是美国呢？我们老了以后怎么办？我在中国还有一些产业，现在是把美国的生意和中国的生意放一起做。生意难做又辛苦，孩子们都不愿意做，但人毕竟能力有限，精力也是有限的，我也不可能永远精力旺盛地做事情。现在不管是年轻人，还是上了年纪的人，一旦出去了，三五年以后就不想回来了，因为在那边生活习惯了，回来也不适应。如果回国，会发现以前的关系也没有了，假如想发展事业，重新起步也会很麻烦。

我太太想留在美国，而我想留在中国。她很适应在美国的生活，习惯了。她喜欢在别墅里面种种花，住得很舒适，该有的水果、蔬菜也都有，子孙也在身边。本来我们应该到美国去了，但因为疫情的原因，我们都留在了国内。孩子们希望我们出国，我们也希望能和子女、孙辈在一起，但两代人观念上还是有些不一样的，尽管他们都十分孝顺。

再过两年，这个问题就会凸显出来，如果孤单一人，钱再多也没用，都是身外之物。落叶归根这个难题，我暂时解决不了，相信顺其自然的结果就是最好的。人不能要求太高，没有什么是十全十美的。

叶 星球

1953 年生于浙江乐清，1980 年定居巴黎，旅法艺术家。南京艺术学院美术学研究生毕业，文学硕士。现任法国欧华历史学会会长，法国当代艺术家协会艺术总监，欧洲龙吟诗社主编。代表作品有《一叶诗集》《法国华人三百年》《法国华人历史百图》《法国一战华工的故事》等。

叶星球：
说不尽的黄杨木雕，写不尽的法国华人史

访谈时间：2022 年 7 月 14 日上午 10 点
访谈地点：温州市鹿城区嘉鸿花园五幢 221 号（心宽休闲室）
受访者：叶星球
采访者：罗甜甜、蔡安琪、易永谊
录音、摄影：蔡安琪、罗甜甜
文字整理：罗甜甜

出生在木雕大师之家

1953 年，我出生在乐清高岙村，这个村庄被誉为"尚书故里"，明朝的南京刑部尚书高友玑就是这个村的。

我的大舅舅王培泉，在温州百里东路那边开了一块注水地，我的母亲从小就在他那里做工。后来新中国成立以后，温州的老华侨合资成立了一家温州华侨针织厂，我的舅舅也是这家工厂的领导之一，所以我的母亲就直接到这个厂里去工作了。

1961 年时，她第一次被下放到农村，也是接触针织、裁剪类的工作，当年她作为纺织工人，因为能够灵活、创新地运用双针车，受到市里表扬，重新回家。1963 年，她第二次被下放，劳动的地点刚好就在家乡乐清的那家华侨针织厂。

不同于同年代的农村孩子，我的家庭条件一直不错，而这都要归功于我的外公。我的外公出生于 1898 年，他不仅是乐清黄杨木雕的创始人之一，也是当地较早一批归国的华侨。乐清的黄杨木雕不仅是浙江省乐清市民间传统美术，还是国家级非物质文化遗产之一。从 13 岁起，我的外公就开始拜师学艺，学有所成后，在当地开设了一家小有名气的木雕厂。

1922 年，外公 24 岁，他为了谋求更大的发展前往新加坡。他家里十分贫穷，全家把仅有的三分地卖了之后，凑钱给他充当去新加坡的路费。新加坡当时的华人众多，佛教在当地非常盛行，所以我外公到新加坡以后主要是雕刻佛像，因为技艺精湛，成了新加坡非常有名的木雕艺术家。

直到现在新加坡的很多寺庙里还留有他的作品。这一段故事也被温州工艺美术大师周锦云编进了《温州工艺美术》一书中。

外公小时候只读了一年半的私塾，这段未完成的读书之旅使他格外重视教育。他在新加坡打拼了几年后，赚了一笔钱回乡，造了一栋房子，这房子足足有两亩地那般大。但他建造这么大的房子并不是为了个人享受，而是想要办一所学校。

当年土地改革时期，政府根据家家户户的人口和财产配比来评定是否为地主，我外公被评为地主，房子自然也被充公了。本以为日子就要从此走下坡路了，但情势又有了好转。

大约是 1956 年的时候，政府针对华侨出台了一项新的政策，大致的意思是华侨在国内的资产都是从外国带回来的，并不是剥削国内老百姓的结果，理应归还给华侨。于是，这栋大房子又回到了我外公手中。

房子虽然回来了，但是外公的儿女却都外出工作了，只有外公的母亲，也就是我的曾外祖母一个人居住。太外婆年纪大，身体也不好，其他儿女不在身边，我的母亲就承担起照顾她的责任。于是，我从三岁开始，全家人就从高岙村移居到了新城，这里也是我真正生活与成长的地方，承载了我童年的所有记忆。我的母亲白天在针织厂工作，晚上回来照看她母亲，因此，我的童年是和曾外祖母在一起度过的。

几经波折的求学路，最后还是没走通

我的读书经历很有趣，但也是我人生的一大遗憾。等后来这座房子空下来了，外公决定实现之前的梦想——办私塾。他把祠堂的一部分重新规划，改装成学堂。解决了读书场地问题后，还要解决师资问题。当时，我外公自己出资请了两位老师，不仅付给她们工资，还包她们吃住。

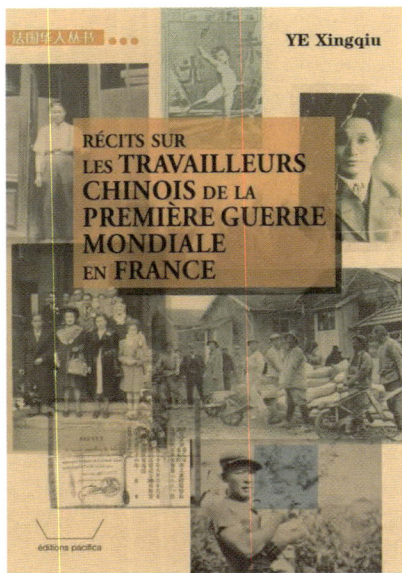
叶星球专著照片

　　说到这儿，你们或许以为我外公出钱出力创办这样一所小学堂肯定是为了自家孩子，不对，这所学堂是对全村没有钱上学的孩子开放的。我在这所小学堂里度过了无忧无虑的幸福童年。

　　外公请来的两位老师不仅学问高深，人品也很好，对我更是百般爱护。从六岁起，我就开始上学，当时私塾里的两位老师吃住都和我们在一起，因此我们相处的时间特别长。

　　我的母亲在外做工，陪伴我的时间非常有限，我童年时大部分的母爱都是从这两位老师身上得到的。她们不仅教我读书写字，还教会我一些做人的道理，对我视如己出，从不吝啬对我的关怀。我后来能够走上文学创作的道路，跟我幼年时这两位老师对我的呵护与启蒙密切相关。

　　我外公除了亲自创办学堂之外，还热衷于当地的公益事业，比如我们乐清的民社中心小学，这所学校有一栋教学楼就是我外公出资建造的。而现在的新城小学，其实就是我外公办的学堂前身。而且，村里的永宁桥、饮水池，包括周边的马路，我外公都曾出资捐助过。

外公办的小学堂是四年制，四年后，我接着在新城民社小学完成了小学教育。13岁那年，我开始进入磐石中学读书。当时的磐石中学名叫农业中学，我是那所学校第一届的学生。

这所学校名义上是半工半读的，但实际上是一所全日制的中学，只是学科跟现在的中学不同。现在的初中课程以语文、数学、英语为主，但在当时我们学校的主要课程是卫生、物理、电工、会计等，都是一些技术性较强的学科。这些课程是按照当时的社会需求来开设的，当时，我们乐清有很多赤脚医生，大部分都是在这样的教育体制下培养出来的。另外，当时市里有很多会计是我的校友。这所中学的第一届学生年龄差距比较大，我算是当时年级里年龄最小的，其他同学里还有比我大八九岁的。

本来以为我的中学生活会很精彩，没想到又出现了变故。刚入学没多久，"文革"就开始了，我们这批学生都没有接受到完整的教育。后来，大家分道扬镳，各自走向社会。

按现在的话来说，我在当年也算是一个标准的文艺青年，尤其是接触过大量的雕刻、绘画艺术之后，我对中国古典文学，尤其是戏剧文学的内容和人物都十分了解，毕竟每天都在和这些文学人物"打交道"。另外，我从小就比较爱看书，但当时条件有限，可供阅读的书少之又少。我当年读过两本手抄书，一本是《钟情》，另一本是《北极风情画》，但这些书并不是我印象最深刻的。我记得我有一本反复读过很多遍、前几章早就脱落的书，可以称得上当年的我最爱的书，那就是奥斯特洛夫斯基写的小说《钢铁是怎样炼成的》，里面的小说主人公保尔·柯察金的经历和人格让我感到钦佩。

1977年，国家刚刚恢复高考，我们是一批刚好成长在"文革"期间与校园生活失之交臂的人，听到别人说高考制度恢复的那一刻，我万分激动。我也曾做过这样的美梦：自己考入了理想的大学，开始了一段不一样的人生。为了这个梦想，我和其他几位志同道合的朋友开始结伴学习，我们请了一位老师教我们英文，大家每天抽出一段时间用来学习，但最终还是没有考上。谁不想读大学呢？我们这一代人或许都有过这样的梦想，可最后我们只能接受失败，回归现实。

学习木雕满一年，我就自立门户了

刚踏入社会那会儿，我只是一个十几岁的少年，身无一技之长，非常迷茫。当时我们那群年轻人只有一个想法，什么赚钱就去做什么，因此，我选择了木雕。

实际上，中国对木匠的称呼实在有些笼统，其实木匠也分为很多种，比如我们熟悉的齐白石先生，大家都知道他是木匠出身，其实不然，他是一位细木工，最开始也是像我一样雕花。所以说，学会、精通一门手艺完全可以改变人生。

或许是从小在艺术氛围浓厚的家庭里长大的原因，我从小就对木雕、绘画等非常感兴趣。我做学徒的时间比同时期的人短太多了，因为我比他们更早接触到素描、色彩艺术。"文革"前期，我正式拜师学艺，而这位师傅的父亲恰巧就是我外公的师兄。当时跟我一起学艺的还有我的师兄黄德清，现在是国家级非物质文化遗产项目代表性传承人。

当时，几乎所有的师傅带徒弟都要三年左右，但我的老师语重心长地对我说："星球，你什么时候觉得自己学成了，你什么时候就可以自立门户。"一年后，我就自立门户了，那年我只有 17 岁。这不是出于自负，而是从小的家学渊源，让我在绘画、线条等方面的基础比别人扎实，对艺术的敏感度比常人要高。学成之后，我开始从事一些雕花工艺，在床沿、木柜、椅子、房门等物件上，刻出各种各样的图案。

1970 年，乐清磐石成立了一家石雕厂，我们这批年轻人都加入了这个厂，日子虽然不富裕，但收入也足以维持开支。原本以为，我会在这家厂子里一直做下去，但是过了两年以后，石雕行业逐渐走下坡路，黄杨木雕生意越来越好，于是我们决定去做黄杨木雕。

我的木雕师傅一生只带了十个徒弟，我是第九个，当年幸亏他指点我，让我在青年时期能系统学习木雕工艺。我们这十位学生也没有让老师失望，后期大家接受老师的召集，自己合力开了一家艺雕厂。

这年我 18 岁，刚独立门户没多久，我就成了自己也能带徒弟的师傅。那时候，我们几位同门师兄弟，每个人都带了 5 个徒弟，这个小团队也逐渐扩大起来。当时的柳市专注于木雕出口行业，但是这一类的产品对细节、色彩等方面的要求非常高，只有请专业的师傅来做才行，他们当地没有足够的人手，只好寻求外加工，我们就一直是这批出口产品的加工员。

除了给出口产品加工之外，我们能雕刻的内容十分有限，一些佛像、少数民族人物等，当时还处于"文革"时期，雕刻的内容不合适非常容易陷入尴尬的批判中。虽说我们有接到外贸订单，但在当年这些木雕艺术品的出口实际上也是非常有限的，厂子开设两三年之后，我们的生意就不好了。

木雕、石雕、仿古画，什么赚钱做什么

后来，我们顺应时代和市场的需求，重新在磐石开了一家艺雕厂，也涉及石雕业务。石雕和木雕虽然是两种不同的雕刻艺术，但是也有很多共同之处。我只系统地学习过木雕，石雕还没有深入学习过，为此，我特意到了青田。

青田，不仅被称为"华侨之乡"，还被称为"石雕之乡"，当年我去青田，找当地特别有名的石雕大师陈塘风学习了 6 个月。回到乐清的工厂时，我们还额外请了几位青田的石雕师傅一同回来，大家一起工作。

当时对工艺类的美术公司已经放宽限制，我们的工厂是以公社名义创办的，实际上是以乐清市的工艺美术公司为头衔接收到订单的。这时期的工厂也逐步发展起来，不仅有石雕，还有木雕。木雕我们除了有黄杨木雕之外，还有梨木雕。我们不再以替其他公司加工产品为主，而是根据自己的想法，创作自己的木雕艺术品。

在这家工厂最后几年，我也慢慢突破了雕刻这一行业，接触到了仿古画。我应该算是乐清这个地方最早从事仿古画工艺的人之一，主要是仿古代民间名家的艺术画作。我自己设立了一个车间，只有我一个员工，从接业务到销售都是我亲力亲为。也正是从这时起，我有幸接触到了温州许多著名画家，其中就有老一批画家方介堪，当年出国时，他送了一幅画给我，我至今仍然保存着。

当时的行情是，裱一张画给 5 块钱，难度大、人物多的画作就提高报酬。我们在沧河巷那个地方集中加工，那个地方有几代都是从事裱画的家族。这些画裱完之后，回到我手中进行做旧工艺，而且我们的仿古画都是以原画家的名字为落款的，唐寅的画我们就写唐寅，石涛的我们就写石涛。

仿古画要根据自己的专长来画，每个人都有自己熟悉和擅长的画家，那么画起来会更加得心应手。当时，中国美术馆刚刚成立外宾服务部，这个部门送出的第一批仿古画就是我卖给他们的，至今我还留着这笔订单的发票。我弟弟他也是从小拜师学艺的，他也会木雕，但更偏向细木雕。

改革开放头几年，我们接到的订单很多，最后只能再交给其他人加工。改革开放后，我们沿海一带盛行建庙、雕佛像，我本身是雕过佛像的，当年在青田、磐石的一些寺庙里，也曾留下过我的作品。这一时期我一边做仿古画，一边接木雕业务，就是这样赚到了出国的费用。

之前已经提到，我是在"文革"时期成长起来的一代，曾目睹过长辈在"文革"时期的遭遇，这对他们影响很大，对我也同样如此。我有一个舅舅因此去了法国巴黎，冥冥之中，也让我与巴黎结下了不解之缘。舅舅最开始想去新加坡，但当时新加坡对外来的人口限制非常严格，所以他只能够暂时滞留于香港。后来，因为他的岳父是法国国籍，他想办法把我舅舅接去了法国。

来到了文化与艺术之都——巴黎

随着改革开放的不断推进，公民出国限制也逐步变得宽松，1980 年，我第一次踏出国门。其实，我出国的目的也不全是赚钱，因为我们乐清这个地方一直以来就有出洋的传统，我就是在这样的氛围之下，乘着改革的春风出国去了。

为什么我选择去法国呢？我想除了我舅舅也在法国这一原因之外，还有一个重要的原因，就是因为巴黎是艺术之都。对我们这批自小就接触各种艺术品的人来说，如果要选择一个城市居住，那一定就是巴黎。我和几个朋友一起出发，并没有带上家人，第一次出国的过程比较曲折，现在想想还是记忆犹新。

法国前总统在办公室接见叶星球

　　当年要获取法国签证很困难，我和一同出国的朋友就打算先去葡萄牙，因为他在葡萄牙有熟人。我们是从广东出发的，在澳门停留了20多天后先去葡萄牙，拿到葡萄牙的签证之后，再去法国。说来我运气也很好，到了法国后，刚好遇上法国大赦，当时的规定是，想要获得法国居留许可的外籍人士，只要和当地的工厂签订一年以上的合同就行，所以我留在了法国。

　　刚到法国的我非常惊讶，那个时候，法国四处都普及了地铁，甚至买票都是自助的。我记得邓小平同志第一次到法国的时候只有16岁，法国的发达也让他大开眼界。眼界对一个人的发展是非常重要的，眼界如果打开了，那么整个人的格局都会变得不一样。我在国内虽然做了十几年的黄杨木雕，但当我们看到法国街头公园的雕塑时，我和同行的朋友都惊呆了，因为他们的雕塑艺术水准已经达到了极致。

　　在法国，我们面临很多困境，首先就是语言不通。当时我们忙于生计，在华人工厂做工，根本没有时间去专门学法语，直到现在，我的法语水平也不高，只能应付一些基本的生意上的问题，想要进一步和当地人交流是很困难的。

其次是中法人民之间缺乏了解。在法国生活的这些年里，我会经常遇见这样的问题。有一年奥运会期间，我和法国著名钢琴家周勤龄坐在一起，刚好旁边有一个法国人在谈论西藏，我就回过头去问他："你去过西藏没有？"对方说没有，我接着问他："那你知道西藏在中国的哪里吗？"对方说不知道。我当时就感觉到，其实中法人民之间真的缺乏交流。就像我们如果问中国人巴黎在法国的哪个位置，大部分人同样也不知道。不仅如此，很多法国人对我们中国的认知还停留在很久以前。

这件事使我感到中法文化交流的必要性和迫切性，这也是为什么，我后来出版的几本书都被翻译成法文再版。我们不仅要让旅法的中国人知道华人的历史，更要让法国人知道我们华人的历史。当前，很多新生代的华侨并不会讲中文，把作品译为法文再版能让他们通过书籍了解上一代华人历史，让法国的主流社会了解华人，只有相互了解了，彼此才能相互尊重。

开了一家旅游纪念品店，我既是老板，又是员工

我和所有的海外华侨华人一样，白手起家，什么赚钱我就做什么。因为我本身擅长绘画和雕刻，所以我在当地的家具厂打过工，但是因为我们是新手，老板一开始不会让你负责雕刻，只能从油漆工做起，之后才能做浮雕、木雕等。等我攒到了一点钱，我决定自己出来单干，我找到当时一同出国的友人，两人合作，我负责接订单和加工产品，他负责销售，这样两个人赚得多一些。除了做油漆工之外，我后来还卖过服装，开过中国餐馆。

1987 年，我和几个朋友合资开了一间旅游纪念品店，这家店位于离巴黎市政府不远的繁华的庙街，店铺的左边是共和国广场，前面是雨果故居以及毕加索博物馆，后边是蓬皮杜文化中心和巴黎圣母院。

这家店开了两三年之后，其他两位股东陆续把股份让给我，由我独自经营。我是搞纪念品批发与零售的，我和别人卖的东西一样，但也不一样，因为店里有很多产品都是我亲自设计、制作的，一些艺术品的图案、色调都是我自己选的，这些就是别人店里买不到的，也算是我们店的一大特色。

以前，巴黎没多少家旅游纪念品店，我算是比较早一批开旅游纪念品店的，到后面，这类店铺越来越多了。在国外，没有对艺术品的情怀是开不下去这类店的，因为这一行利润不高。平时，我的店里只有我一个人，我既是老板，又是员工，收入和开公司、办厂的华人老板自然不能比，但我心满意足，因为我可以在维持基本生活的前提下，花更多时间去读书、画画、写诗。

我从来没有觉得自己和海外的华侨商人、华侨政治家有什么不同，虽然整体而言，海外华人中坚持文艺之路的并不多，但是我们拥有一样的心路历程。就拿做生意的人来说，虽然他们是以赚钱为主，但当他们生意做大以后，还是要和文化产业挂钩的。

现在，法国有很多大企业的老板，他们本身就是高学历，不管是企业方案的策划，还是品牌宣传，都离不开文化创意。现在已经不是改革开放之初了，那时候出国的华侨凭借着不怕苦、不怕累的精神，或许还能打拼出自己的一番天地，因为国外正好需要大量的廉价劳动力。如今，在法国做低档产品已经没多少市场了，而其他发展中国家比如菲律宾、越南等也都在崛起，这表明单纯靠体力劳动创业的时代已经过去了，不管是个人还是企业都要承认这一点，要提升自己的知识水平，靠脑力赚钱。

当然，我作为一个在海外待了大半辈子的过来人，也有一些经验可以提供。我们说转型，并不是喊口号，有两个点需要注意：第一就是不断学习新知识；第二就是要找到新的融合点，将自己的所长和他人的需求结合起来，才能实现双赢。

写诗，是我的一生爱好

早在去法国之前，我在国内就写过很多诗，但都是娱乐性质的打油诗，不会去考虑韵脚和平仄。来到法国后，我和几位朋友成立了龙吟诗社，自从有了这个平台后，我就开始写正式的诗歌。"三李"，李白、李贺、李商隐是我非常喜欢的诗人，我受他们诗歌的影响最深。

1987年，龙吟诗社在法国成立，我就是这个诗社的成员之一。诗社成立之初，很多国内的诗人都为诗社题过词，比如艾青、臧克家等人。龙吟诗社的第一任社长是《欧洲时报》的总编梁源法，当时龙吟诗社有专门的刊物叫《龙吟》，以半月刊的形式发行，上半月发行旧体诗，下半月发行新诗。

这个诗社是由一群热爱诗歌创作的青年创办的，当时的创办原因很多。第一，我们想要写诗抒发自己的思乡之情；第二，我们想要打造一个公开的平台，能够公开发表自己的诗歌、中国的诗歌，这是出于创办人自己的文学野心；第三，我们想利用诗歌去跟法国华人社会的各个领域交流，希望能够吸引其他领域的文艺爱好者加入我们的行列，加入写诗阵营。

实际上，龙吟诗社作为一个海外文化团体，完全是自费的，没有固定的经费维持。诗社之所以到今天还有活动，都仰仗法国各界名流对我们的支持。龙吟诗社的第一届名誉会长是熊秉明，他是法国东方语言学院的教授、系主任，也是云南大学原校长熊庆来的儿子。在这些文化界名人的带领下，我们龙吟诗社从创立之初，就备受当地使馆的重视。

除了写诗、办刊物之外，我们诗社平时还会举办很多活动，比如诗歌研讨会、朗诵会等。30多年过去了，当年龙吟诗社的那些元老们都去世了，我也从一个风华正茂的青年，变成了白发苍苍的老人。虽然最初的创立人不在，但是诗社还是恪守初心，把更多的机会给留法的年轻诗人。

1990年，我公开发表了第一部著作《一叶诗集》。在写诗的同时，我开始陆陆续续发表跟法国华侨有关的小文章。

与法国华侨华人史结缘的三个故事

说起来，人的一生在不同时段真的会遇到不一样的机缘。2000年，《人民日报》（海外版）开设了一个专栏《华侨华人》，于是他们的编辑部派张和平来到法国，在当地大使馆的介绍下，我们相互认识。两人同为文学爱好者，相熟之后，我把我写的关于法国华人的小文章给他看，他看完称赞说："这个写得太好了！我以后要想办法把你的文章推荐到国内发表！"当时国内已经有中国华侨出版社，但是华侨需

叶星球与画家弟弟叶星干

要自己出资印书，张和平对我说："辛辛苦苦写书已经够辛苦了，居然还要自己掏钱，我再帮你想想办法吧！"就在我都快忘了这件事时，张和平说《人民日报》（海外版）的办公室主任古永毅恰好之前也在法国留过学，同意了向我约稿的事，每周一期刊登我的文章，我便把每期的稿费存下来，再拿去单独出书。于是，我的文章就一篇篇连载在《人民日报》（海外版）上，算起来有 100 多期了。

通过这件事，我渐渐明白了一个道理，不管做任何事，碰上有激情、志同道合的朋友都更容易成功。如果我的文章没有在报纸连载，拿不到稿费，我或许没有机会那么早就在国内出书。

这些文章的刊登给了我很大的信心和动力，我后面将上面的很多文章汇集成书《法国华人寻踪》，这既是我对自己过去华人史研究资料的整理，也是我迈向下一个华人史研究的新起点。

我认为，做任何事都一定要抓紧。写作也如此，当你有灵感想写东西的时候，一定要当即就把它记录下来，因为耽搁的时间越长，你会越来越淡忘那种感觉，甚至最后根本就不想写了也有可能。有一回，我突发奇想，希望能去国内读书，学习专业的艺术知识。得到朋友和家人的支持后，我立马开始查询相关的资料，最后去了南京艺术学院读硕士，也算是圆了我年轻时的读书梦。

我并不是一个职业的作家、历史学家，我是在经营自己店铺的同时，一边抽时间写诗、采访、看书、整理资料。直到现在，我每天都要花几个小时学习，睡前我一定要阅读，让自己心情平静，这个习惯我已经保持了大半辈子。

改革开放以后，越来越多的学者陆续来到法国，几乎大部分出国的政府官员、学者都要去拜访法国华侨华人会，而会址刚好就在我们店的旁边。所以我跟这些政界、学界人士就有许多交流的机会。在这个过程中，我对法国华侨华人史产生了极大的兴趣，经过三个人的提点与鼓励后，我开始坚持写这方面的书。

第一位是当时黑龙江大学的一位老师。他到法国的这一年里，我们的接触非常多。他也曾来拜访法国华侨华人会，因为我算是这个会里了解海外华人历史比较多的，所以他就来找我了解这方面的信息。当年熟悉海外华侨华人历史的人确实非常少，因为没有人去做这方面的资料收集与整理工作。因此，他建议我一定要收集这方面的资料，我也把他的建议记在了心里。

第二位是杨保筠教授。杨教授现任北京大学亚太研究中心副主任、东南亚学研究中心副主任，也是《华侨华人百科全书·人物卷》的主编。他在法国读博士的时候，我就与他相识。因为他的专业需要很多华侨华人史方面的资料，刚好有一些资料我能够提供给他，我们就这样成了朋友。他一直都鼓励我多做史料搜集工作，将已有的珍贵资料整理成册，于是，我开始有意识地去搜寻、积累、保存。

最后一位是我的好友叶骏。叶骏是《温州日报》的前身《浙南周报》的创办人之一，曾经在北京大学新闻系的培训班待过，后来担任《温州日报》的办公室主任。退休后，由于他的家人都在外国，他也移居到法国来，刚好住在我家附近。来到法国之后，他继续发挥余热，担任法国华侨华人会的中文秘书。因为他有着几十年的办报经验，再加上我们这么多年下来也积攒了一笔钱，大家一致决定继续完成青年时期的梦想，办报、出书。于是，我们就决定以一战时期的华工为采访对象，把他们的故事整理成书。

我要永远为法国华侨华人立传

刚开始采访的时候，我的举动让很多人感到不解，甚至有人说："你去采访的那些人肯定会拒绝被采访，别人凭什么要相信你、支持你呢？"在类似的质疑声中，我们也不断在反省，重新反思如何能获得那些一战时期的华工及其亲属的信任，完成这份调查呢？思来想去，为了师出有名，我们决定成立法国华人文化历史协会。

1993 年，我、叶骏以及一个温州的老华侨共同成立这个协会后，就开始不断地搜集这方面的第一手资料，并创办了一份报纸《欧华侨志》，把这些四处搜集到的内容发表在这个平台。

当我写的《法国萍踪》《法国华人三百年》相继出版后，我信心倍增。2016 年，我和我的大儿子叶文森合作出版了第二本中法双语书《法国华人历史百图》，这本书以中法两种文字解说，还原了法国华人移民史。

2019 年，我的书《法国一战华工的故事》出版，也被国内外很多电视台报道，足以证明一战带来的伤痛之深。这本书以采访为主，我找到这些老华工的后代，拍摄了许多第一手的资料。有很多湮没在历史中的华工的故事都不为人知，我为此感到十分可惜，如果有机会继续做下去，我想我会一直记录、整理他们的故事。这本书的出版并不是一蹴而就的，而是随着资料不断增加，有一个不断更新与完善的过程。

这本书对我来说意义重大，因为我四处走访以及整理访谈内容，前前后后花了差不多十年。这本书我觉得非常有意义，所以捐赠了很多给当地的华人协会以及中文学校，就是希望下一代的华人能够了解中华文化，不要忘记自己的根基。

我最近截稿的一本书就是讲述近代以来在法留学的华人的故事。其实近代以来，法国跟中国的关系是非常密切的。五四运动时期，一批接受过新文化运动和反帝爱国斗争的影响的青年，为寻求救国救民的知识和真理，掀起了一股赴法国求学的热潮。

这些留学生中不仅有中国共产党早期领导人，比如陈延年、陈乔年、周恩来，文学界与艺术界的巴金、钱锺书、徐悲鸿、刘海粟，还有科学界的人。当年，来法

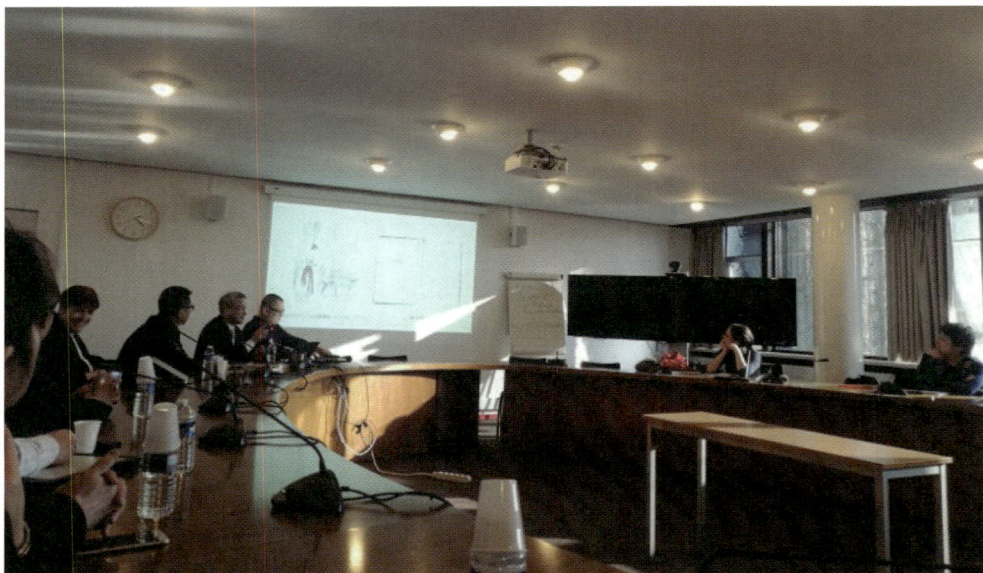

叶星球在巴黎政治学院举办法国华人历史讲座

国的一批华人中，有一位叫严济慈的科学家，他在旅法期间结识了居里夫人并成为她的学生。居里夫人特别看重这个学生，等到严济慈回国时，居里夫人把自己发现的"镭"赠送给他，后来他成了中国科学院院士。所以，这次赴法求学潮不仅影响了这一代的政治家、文学家、艺术家和科学家，还影响了我们中国后来科学与文化事业的发展。

有一颗热爱中国的心，比留在中国更重要

来到法国一两年后，我自己也逐渐安定下来，于是我陆续把我的家人接来了法国。

1981年5月19日，我的妻子到了法国，和妻子团聚后的第二、第三年，我的两个儿子陆续出生，我们一家人开始了忙碌的生活。再后来，我又把我的父亲、母亲、弟弟、妹妹都接到了法国发展，只有我的二弟留在了中国。

我的家人基本上不干涉我的业余爱好，因为我在该赚钱的时候还是会努力赚钱的。但是我感觉，我的兴趣爱好对我的孩子有潜移默化的影响。

我的两个孩子从小就很喜欢画画，也很爱看书，我觉得他们就像小时候的我一样，对艺术有自己独到的理解。他们出生、成长都在法国，整体而言，他们受法国社会影响更大。我的大儿子是在国内读的大学，大儿媳虽然是法国人，但也曾在中国留学，他们既会说中文，也会说法语。因此，我的很多中文书都找大儿子合作出法语版。

因为工作的关系，我是没有寒暑假的。大家印象中的画家、作家、艺术家大概都会四处旅游采风，但我不是，所以我的文学创作属于埋头书斋式。别人的 8 月是四处旅游，但对我而言恰好是工作繁忙期。因为巴黎这座城市旅游业发达，一到节假日，就有非常多的游客前来，我自然就没有假期。所以一到 8 月，我的两个儿子都是由我妻子带着出门旅游，我几乎没陪他们度过一个完整的节假日。

1980 年出国后我一直待在法国，直到 1995 年，我第一次回国。有很多人向往在国外的生活，其实真正到了国外，你又会时时刻刻想家。那一次我和父母一起回老家，因为我的外祖母病危，相隔 15 年回到中国，我非常感慨，家乡的发展之快、变化之大让我找不到当初出国时的影子，这十几年物是人非，让我更感叹时光飞逝。我的父母又定居在温州后，我也想过要留下来陪着他们，但是想到未完成的心愿，我还是去了法国。

每一个海外华人都很爱自己的国家，拥有的家国情怀一点不比国人的少。我在法国待的时间越长，思乡之情越浓烈。我也渐渐感觉到，在海外的华人虽然在地域上与祖国分离，但是实际上和祖国息息相关。晚清民国，中国还是弱国，饱受列强侵略，海外的华人相对而言就不受重视。但现在不一样，中国作为屹立于世界的强国之一，在海外的华人自然也能挺起腰板过日子，只有祖国足够强大，其他国家的人才会尊重我们。

我不会强制要求孩子们留在法国，或者回到中国发展。作为一个父亲，我更希望他们能利用双边的优势，创造一个共赢的局面。现在全球化发展这么快，"此心安处是吾乡"，只要他们有一颗爱国心，无论在哪儿，都是中华好儿女。

未来，我还要接着写下去

再过几年我就 70 岁了，退休之后，我有了更多的时间可以自由支配，很多年轻时萌生过的想法终于可以一一去实现。

比如说，我很早以前就想写一本书，书名我都想好了，叫《世界三个民族的比较》，这三个民族分别是犹太民族、中华民族以及吉卜赛民族。我想在书里讨论一个话题，中世纪的阿拉伯民族为什么会成为世界上最辉煌的民族之一？我想，其中很重要的一个原因要归结于当时政府发起的一个百年翻译运动。当时，他们国家利用了 100 多年的时间，翻译了全世界的经典，所谓知己知彼，百战百胜，当他们已经对其他国家文化、经济等了如指掌时，国家还能不强大吗？那为什么他们后来没能延续往日的辉煌，没落下去了呢？这就是我想讨论的话题。

我认为，一个民族如果想要发展，一定要具备开阔的胸怀，要懂得学习全世界民族的优秀文化，清朝之所以灭亡的根本原因是闭关锁国。现在是一个全球化的时代，各国文明交流的趋势势不可挡，这是不可逆的潮流。以法国为例，我们旅法的华人有 65 万人左右，大约占法国人口的百分之一，相当于一个少数民族。在这样的境况之下，我们更加不能故步自封，要走出舒适圈，主动与当地人接触，学习别人的优良品质。中国作为世界四大文明古国之一，拥有巨大的民族文化宝库，因此我们要利用这个优势，因为多一种文化资源，就多一份的竞争力，我们一定要谨记这个道理。

另外，我已经写过诗歌、散文、论文、专著了，现在想尝试着写小说。从很早开始，我就有意识地在积累素材。实际上，我以前写过一篇几万字的小说叫《多梦的青春》，小说是以自己为原型，写我们那一代青年的故事。现在如果要回过头写小说的话，我大概会以自己的整个人生轨迹为线索，把我对木雕的热爱，对艺术的向往融入小说中。

陈 安生

1954 年生于福建福安，祖籍平阳矾山（今属苍南县）。高中毕业后曾任乡村教师，后在平阳种玉乡、苍南团县委、温州团市委担任领导工作。1993 年下海创业，涉足房地产、酒店经营等领域。2011 年移居新西兰，创立新西兰温州同乡会，任创会会长。创业之余致力于国内慈善事业，带领爱心团队先后开展了"助学圆梦计划""绿色环保计划""扶贫救济计划""疾病救助计划"等多项爱心活动，并在全国范围内开展青少年心理健康公益巡回讲座。

陈安生：
以小善守护大爱

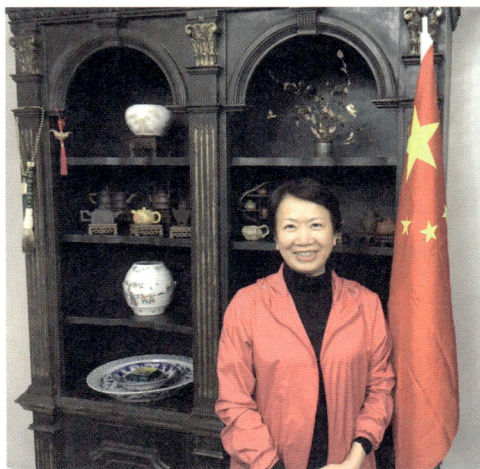

访谈时间：2022 年 12 月 26 日
访谈方式：线上会议
受访者：陈安生
采访者：金丹霞、许林狄、李露露
文字整理：许林狄、李露露

父母亲的正直善良塑造了我

　　1954 年，我出生于福建福安，那是我父母工作的地方。"文革"时因父亲陈勉良受到批判，我十二三岁时随父母亲回到父亲的家乡——浙江省平阳县矾山镇（1981 年划归苍南县管辖）埔坪岗头的小村子，在那里度过两年，因此，闽南话是我在家庭生活中日常使用的"母语"。

　　父亲是一名老红军，中华人民共和国成立后曾任福安地委委员、福建柘荣县委书记、福鼎县委书记、福建省老区建设委员会副主任。他的故事充满传奇色彩。由于他在家排行最小，闽南话叫"尾仔"，一些乡亲都尊称他为"尾仔叔"。

　　父亲生于 1913 年，1933 年参加革命。1934 年中共鼎平县委派遣父亲等多名地下党员，在枫树坪和岗头村、龙头庵一带开展革命活动。当时，父亲以做豆腐为掩护，在枫树坪建立了秘密联络站。有一次，一队国民党兵突然窜至枫树坪抓捕革命同志，那时父亲和区委组织委员林桂程恰在联络站研究工作。听到群众报信时，出村的道路已经被敌人封锁。他当机立断把林桂程藏在一间草房后面的水沟里，自己却从容不迫地向村口走去。敌人抓到父亲后，对他严刑拷打，他一口咬定自己就是做豆腐的，始终没有暴露身份。后经党组织营救才获释。

　　为了解决山区农村缺医少药的问题，父亲还自学了中草药知识。在行军打仗之余，到处访医问药，遇到乡村郎中就虚心求教，收集民间中草药单方和医书古籍，刻苦钻研，经过几年的学习实践，他熟练地掌握了"望、闻、问、切"的中医诊术，通过"看、摸、嗅、尝"的方法了解各种中草药的特性，并且逐渐掌握了因病制宜，辨证施治的治疗方法，在打游击时救治了很多父老乡亲。

母亲张月香则一直从事地方妇联工作，早年还在当地法院工作过。在革命时期，母亲冒着风险，心甘情愿地为革命同志做饭、烧水。父母亲也是在解放战争前夕打游击时结识并决定相伴一生。小时候，让我感受最深的就是父母亲之间那种情比金坚的相互扶持和爱护。

我母亲曾被打成右派，"文革"期间父母双双受到冲击。实际上，打我记事以来，幼时的成长环境总是伴随着动荡和不安。父亲受冲击最严重时，在全国县委书记范围内被批斗了400多场。我每日无事便去蹲守着大字报看通告，倘若当天要举行关于父亲的批斗，我便第一时间把场次告知父亲，让他做好准备。

即便如此，父母亲身上的善与爱，仍深刻影响着我们这些子女的人生观。我有四个姐妹，我在家中排老三，小时候只要家里来了客人，我们小孩子都不能上主桌吃饭，好的东西自然是先留给客人吃，我们吃的往往是"边角菜"。无论接待的是农民、老游击队员还是交通员，父母亲从不戴有色眼镜看人，哪怕我们自己都不见得有吃的，也要让外人吃饱。

至今我们还常常回忆起母亲做的芥菜饭，那是我们最爱的美味。由于家中并不宽裕，粗茶淡饭只求温饱。母亲为改善我们的伙食，会在平日里省下来的白米中，添加芥菜和我们姐妹几人爱吃的牡蛎、香菇、虾米等佐料。我们捧着母亲精心烹制的芥菜饭，配着紫菜汤，内心的幸福感无以言表。有时候人的幸福就源于那些看似简单的事情，但简单的事情必须用心做好才能体现出不简单。母亲是一个做任何事情都非常用心的人。她常对我们姐妹说："人生一世，待人处世都要用心，不管是顺境还是逆境，只要自己认定的事情，用心去做，哪怕做不到完美极致，也要问心无愧。"

以前的家庭教育与如今不同，父母对我们姐妹采取的放养模式，我们是在这样一个充满爱的小家中成长起来的。我幼时在福建福鼎县委机关大院度过，小学毕业后恰逢"文革",无奈不能上初中,我们姐妹随父母下放到平阳老家,只有靠自学。

我自小便喜欢看书,阅读是我求学成长路上养成的一个习惯,所以至今在我新西兰的家中仍有数千册藏书,摆在我家中各个角落,我不舍得丢弃,因为我觉得知识才是真正的财富。尽管当下流行电子书,我仍热衷于"开卷有益",读纸质书本。我特别喜欢读两类书,人物传记和中外名著。另外,哲学也是我偏爱的学科之一,我深深体会到,阅览群书是帮助自己快速成长的一个好习惯。

1971年,在那么一个混乱的年代,我又随暂时获得解放的父母回到福建,在福安市第二中学开始了三年的高中求学生涯。那时有外语课程,但一星期就一节,我还记得当时省城来的英语老师很洋气且特别注重英语学习,她在课上说:"你们不要觉得英语没用,将来等你们长大了,如果有一天我们国家国门打开了,英语是非常有用的。"英语老师的这句话在我后面的人生经历中得以印证。

走到哪儿都要做好群众工作

1973年,我高中毕业,20岁不到,从福建回到矾山埔坪的岗头村,开始了一段属于自己的"上山下乡"生活。

我在村里一个破旧的祠堂里当了一年多的乡村教师。当时村里就我一个老师,语文、数学、唱歌、画画,什么都得教。每当我走进祠堂,面对点燃的香火、花花绿绿的图案时都会感到有点毛骨悚然,但村里的孩子们已经习以为常了。就这样,十几个孩子聚集在我的课堂里,课后我们还会在祠堂里打闹、捉迷藏。每天我去祠堂上课,从山上徒步到山下,要花费40多分钟。沿途我会采摘一些花花草草,把自己打扮成好看的"村姑"模样去上课,上完课再爬山回住处。年少不知苦,那时的我从不觉得这些经历艰苦。

我是个恋旧且感性的人,无论是"上山下乡"时待过的埔坪岗头的小村庄,还是儿时与父母同住的县委大院,我都很怀念。20世纪90年代中期,我曾故地重游,虽然老家的房子不在,但重游时那段支教往事仍历历在目。我时常挂念着这些岗头村的人,时至今日我还在他们的微信群里,他们都姓"曾",群里只有我一个外姓,他们都亲切地喊我"姑姑"。平日村里碰到通自来水、修路等事，我也会一起帮忙出主意。

一年多的乡村支教生活结束后，1974年我被抽调到矾山镇埔坪乡从事文书工作，主要的工作内容是开证明、盖章以及妇联的相关工作。年少时读过的书和下乡经历，为我正式走上公职岗位并提升和展现自我打下了坚实的基础。现场讲话时我不怯场，不打稿，生活中我能够和老百姓打成一片，扎实的群众基础使我成为浙江省第五届人大代表。

由于踏实的工作表现，我被温州地委负责培养青年干部的组织部门指派到平阳鳌江区种玉乡工作队。1977年左右，工作队任务完成后，我受组织委派留在种玉乡当党委书记。当时县委组织部部长池方清和平阳县委书记李长茂找我谈话，我直言："领导，我才23岁，我对乡村工作还不是很了解，这个党委书记我怕是当不了，你给我当个副书记吧。"旁人听闻打趣说："安生，你怎么那么傻，把位子腾给别人。"我回复说："没关系的，原来的副书记黄炳腾也是因为'文革'期间被批斗而遭到降级，他对乡村工作更了解，不如他做书记，我当副书记配合他的工作。"

就这样，我便在副书记的岗位上开始了自己的履职，这也是我公职生涯中非常锻炼人的一段经历。工作内容由上到下一条线，从春种夏收到粮食增产，从防护堤的修建到机耕路的规划，有的工作名词现在看来虽然有点陌生，但都是那个年代老百姓心里的大事儿。那时候的乡村干部，要贯彻落实"三个三分之一"，即一年要有三个月和贫下中农一起劳动、三个月做基层调研、三个月开展工作。割稻子、插秧的技能也是在这期间和老百姓一起劳动锻炼出来的，把老百姓的事儿学着做好了，老百姓才会认可你，工作才会更有成效。

除了这些，在种玉乡当党委副书记时还有一件让我引以为豪的事，就是帮一个右派分子"摘帽"，我打报告到县里说明具体情况，申请摘帽成功后，当事人在我面前痛哭流涕，感动地说："陈书记啊，太谢谢你了。"

实际上我不管在哪儿履职都会努力做好群众工作，这和我父亲有着千丝万缕的关系，父亲仗义的品格深深刻在了我心上。我把老百姓的困难挂在心上，答应老百姓的事情都会一一做到。之后，我被调到矾山区当区委委员兼团委书记。离开种玉

陈安生 20 世纪 80 年代的工作照

乡的场景让我印象深刻，乡里的书记、妇联主任等领导亲自送我上车，包括乡里一些老百姓，他们在送别时仍喊我"小陈书记"，有意思的是他们中很多人一直以为我的名字就叫"小陈"。

1981 年，苍南、平阳分县后，我被调到苍南县委统战部履职，此后工作调动频繁。在苍南县委统战部没干三个月，就被调到苍南团县委，后来又去了团市委，还曾一度差点调任杭州市外经委，鉴于自己在温州的群众基础比较好，最终我还是选择回到温州，先后在卫生职工学校、温州护士学校工作。

如果从 1973 年当乡村教师算起，一直工作到 1993 年下海经商，我在国内工作了整整二十个年头，岗位的流转，锻炼了我做群众工作、与人沟通交流的能力，这也为我后续下海创业打下了坚实的基础。

下海创业定居新西兰

1993 年是我选择告别体制、下海创业的时间节点，前期我也经历过许多思想斗争。那时，叶康松等人已经下海，给我很大启发，我觉得下海即使淹死也就这么回事儿。

有意思的是，在做出创业决定前，我还特地借用了一间会议室，把几位在政府部门工作的友人聚在一起，讨论关于我辞职的事情。当时，8 人中只有一人支持我辞职，其余 7 人均持反对意见。后来支持我的友人说："安生今天把我们召集在这里，我相信她已经下了很大的决心，我们应该尊重她内心的选择。"

几经思索，我最终做出辞职的决定。当时我还和友人开玩笑，哪怕不成功，就算我在大街上卖面条，我相信我也会卖得很好。最后，我成了温州改革开放后第一个辞职下海经商的女干部，也成了当时温州第一个创办房地产公司的女老板。

辞职创业初期，受到友人陈定模从事房地产开发的启示，我也计划在国内从事房地产行业。当时个体不能成立房地产公司，我就挂靠到上海的宝立房地产公司，在温州成立分公司，当时成立分公司还是经温州市委秘书长周方权签字批准的。我在温州经营房地产直到 1997 年，后赴上海从事酒店经营，也在江苏等地购置三星级酒店宾馆开展经营。

2001 年，为了使女儿体验到更多元的教育方式，我和家人迈出国门，来到了新西兰。于我而言，无论在哪里创业，距离远近并不是什么障碍，好比我们从中国到新西兰坐飞机要 11 个小时，但原先我们国内从上海去温州坐火车也要 10 多个小时。我是个心比较大的人，无论去哪里，只要家人相伴，陌生的环境对我而言并没有特别大的影响。

选择出国，我也和好友们做过交流，他们都语重心长地对我说过这样一段话："安生，其实只要用好人，用对人，困难都能克服，有时候即使你其他条件再好，用错人那也办不成事。"和身边朋友的交流给予了我强大的力量。华人在哪个地方都能生存，虽然语言很重要，但用好人更重要，我女儿的英语如今已经达到了同声传译的水平，她完全可以帮我克服语言方面的困扰。

在海外做生意，我是非常谨慎的。决定在新西兰开展房地产投资之前，我曾前往加拿大、美国、欧洲等地开展过调研考察，经过综合比较发现，新西兰是全球唯独没有设征房地产交易税、印花税、所得税等税费的国家，对我而言，没有这些繁杂的手续能让创业体验更加舒适。新西兰虽小，但我是个从小在乡村长大的孩子，我不介意在新西兰做一个"乡下人"。

陈安生回到乡村看望乡亲们

　　区别于国内房地产开发，在国外从事房地产行业并不需要挂靠在大公司，对开发规模也没有过多要求，在新西兰从事房地产买卖的我更像一个开心的个体户。不用显山露水，我只做自己的买卖，也能实现赚钱的目的，简明的生财之道给我带来的更多的是精神层面的满足，我能实现很简单、开心地创业，然后开心地回报社会。我不需要雇佣太多的工人，也没有经营创业团队的负担，我爱赚就赚一点儿，不赚也可坐下休息一会儿。

　　老实说，我并没有太多的贪婪心，事业上我也没有太多的目标，我不会要求自己一定要赚多少钱，内心的富足对我更为重要。这样一种"与世无争"的心态，带给我和我女儿内心的滋养。我对我周遭的朋友说过："你们都有上市公司，但你们活得比我累，每天围绕自己的团队、营收目标、镁光灯下的形象，相比之下我的心态更平衡，更轻松。"

搭建中新交流的桥梁

　　旅居新西兰的温州华人侨胞虽然数量不多，但却在所从事的行业中各领风骚，尤其是在生物科技、健身器材贸易、汽车配件、调味品业、锁具行业、旅游服务业、制造业、农业种植、婚庆行业，都有很好的建树，有的还在游艇升级改造方面做了许多有益的尝试。富有"敢为天下先"精神的温州华人侨胞，在各行各业取得不俗业绩的同时，时刻不忘承担相应的社会责任，本着"勿以善小而不为"理念和"润物细无声"的情怀，共同为这个多元化社会奉献爱心。

2016年，我了解到温州的华侨华人大多选择去欧洲或北美，来新西兰的人相对较少。既然温州人敢为天下先，那为什么新西兰有这么多的资源而温州人不来开拓呢？我就萌生了为温州在新西兰寻找友好城市的想法，希望更多的人了解新西兰，走进这个国家。

当时新西兰的吉斯伯恩市市长是第三代华裔，会说梅州话，但不会说普通话，我觉得这个华人面孔很有意思。该市旅游资源丰富，而且和温州两地经济互补性强，合作空间广阔，同时市长也十分欢迎华人前来投资，这为很多人提供了机会。

在吉斯伯恩市待了一段时间后，我就跟市长说能不能和我们温州结为友好城市。他惊讶地说："温州在哪儿啊？"他不知道温州。我说："就在上海的旁边，也是一个很美丽的城市。如果可能的话你能不能来一下温州，我一定会提前买好头等舱的机票，订好五星级的宾馆，带你看一下我们美丽的家乡。"几轮对话下来，他也觉得很好。当时为了做这个工作，我还给吉斯伯恩市的一个慈善基金捐资，给予他们支持，同时请他相信我们温州人是很友善的。当时，市长也蛮感动，后来就确定了一个时间，为他安排好往返机票，做好相关准备后抵达温州。

温州很重视这次吉斯伯恩市市长的温州之行，这对填补温州在新西兰友好城市的空白很有意义。我做事情就是这样，希望官方和民间能进行有机的结合，这得益于曾经在基层当公务员的工作经历，使我对问题的思考有一定的高度和前瞻性，做事情不能各做各的，民间有民间的做法，官方有官方的做法，有效对接起来不是更好吗？

吉斯伯恩市和温州结为友好关系之后两年疫情暴发，双方互惠互助，开始是我们在新西兰给温州捐助，等到国内基本恢复正常的时候，新西兰疫情开始了。当时，温州也给吉斯伯恩市捐了几万只口罩。这种友好关系的建立起到了良好的作用。

现在真正生活在新西兰的温州华侨大概百余人，年轻的留学生更多一些。之

温州市与吉思伯恩市结为友好城市，陈安生（左三）与温州有关人员合影

前，华侨们分散在各处，像一盘散沙。我认为既然大家都是老乡，好不容易在异国相遇应该互相帮助，于是提出成立一个温州同乡会，找一两个人来做会长，我在背后支持。我本人比较低调内敛，并不喜欢抛头露面。我说："你们要钱，要力量什么的，我都可以提供帮助。"但是一直没有人牵头做起来。

到了 2018 年，来自温州的留学生多了起来，他们这么年轻，如果将来在新西兰就业、成家、购房、置业或者创业，有一个像娘家一样的组织，能够帮到他们当然是很好的事情。所以，我找温州华侨们商量："我先挑个头，把同乡会注册起来。"

2019 年，我创立了新西兰温州同乡会。新西兰温州同乡会响应温州市侨办号召，我和现任会长共同策划了许多活动，包括"五星红旗在身边""我和国旗合个影"等。

同乡会的工作开展起来，走上了正轨，我决定让贤。2020 年 1 月 12 日，我作为创会会长举办了一个很隆重的交班仪式，将会长的职责交给了一个比较年轻的同乡手中。可能我身上还留有浓重的共青团系统工作过的痕迹，觉得应该大胆放手让年轻人去做，因为世界毕竟是他们的，我们扶上马送一程就可以了。交班之后，我就三不管了，不会过多干预，但他们有问题可以随时来找我。

年轻人回报家乡的机会比我们老一辈人大，其实我也埋了一个很深的伏笔，侨联有事可以直接找他们年轻人，这也可以更好地让年轻人把祖国、家乡的弦永远系在心上。

我现在居住在新西兰奥克兰区，早上起床后，会稍微晨练一下，随后去院子里看看自己种的蔬菜瓜果，与花草对话，晒晒日光浴，一眨眼的工夫就到中午了。午饭后我会选择阅读，等到和中国的时间差不多的时候，在群里与团队进行一些互动，安排事情。下午处理自己生意上的事，其余时间还是以阅读为主。我保持每天写日记的习惯，目的是让自己不被遗忘。

我家里茶室中最醒目的位置一直挂着一面中华人民共和国的国旗，那是接待客人最重要的场所。起初我在新西兰买这套房子的时候，看到老外家里就挂了一面新西兰的国旗，给我很大启发。我心想我是中国人，我要挂一面五星红旗，让子孙后代都记得他们是中国人，时刻不忘中国心。

我的女儿十三四岁就离开了中国，她其实对国内也没有很深刻的情感。我把国旗挂在那里，教育我的孙女："你看，我们是中国人，这是我们的国旗，那个是新西兰的国旗。这两个你要千万记住。"我觉得这在一定程度上有利于塑造子孙后代的家国情怀。我是一个很感性的人，不管我在哪儿，我是中国人这个观念不能变。我没有那么高大上，我也不会去喊什么爱国的口号，但是我接受的家庭教育，促使我以这样的方式教育子孙后代。

有些洋人到我们家看见这面旗帜，都会竖起大拇指。他们也会问我新西兰好还是中国好，我说："新西兰很好，我喜欢这里的环境、空气和水。但在情感上，我更爱自己的国家。"我当然也希望，我们在这里生活的华侨，可以为中新交流做出更实在的一些贡献。

女儿在新西兰首都惠灵顿发展。她从事临终关怀已经十年，同时，她还是一位心理治疗师、功能性康复理疗师，十分优秀。我女儿叫南希，南方的南，希望的希，英文名字是 Nancy，我的名字是安生，我们共同成立了一个"生希"慈善基金。我女儿跟我讲，只要给她留一套房子，我其余的财产都可以放到这个慈善基金里帮助别人。她能有这种想法，非常了不起！

慈善也是我的事业

除了房地产外，慈善也是我的事业。我常说"一个人的善叫作善举，一群人的善叫作善业"，我努力带动一个团队去从事慈善这项事业。到新西兰后，我成立了新西兰陈氏天使投资基金会，实际上这是我们家族的一个信托基金，我每年会从自己所做的事业中拿出部分资金放在这个基金里做慈善。

我一直和团队成员强调：跟我做慈善不要有压力，我不希望慈善给别人带来压力，比如一定要捐多少钱，慈善是很随意的，我每次都提醒大家捐款不超过 200 元人民币。我更希望大家先把自己的日子过好，在自己有能力的情况下再去帮助别人，只要我们有这份心，我们把这份爱传递出去就行。

实际上，20 世纪 70 年代，我刚开始工作的时候就已经开始做慈善了。比如平日里四五十块钱的工资我会分成四份：一份存起来，一份生活，一份孝敬父母，剩下一份帮助父老乡亲。这也是受我父亲的影响，我还记得在 1985 年左右，老家矾山有批工人患硅肺病去世，他们的遗孀跑到市政府来，要求解决她们的生活问题。我受托劝说这些困难群众先回家，不要在市委门口静坐，后来我带着这十几个家属们去吃了顿饭，还给她们添上路费，让她们先安全回家。后来我每次到矾山探望，她们总会给我很多东西，装满我的车。我觉得老百姓的感情是最真的，所以即便我到了新西兰，依然牵挂着他们，想办法帮助他们，我一直没有改变这一习惯。

从 1993 年"希望工程"开始，还有妇联的"春蕾计划"等我都有参与，从助学做起。1995 年，我拿出 25 万元人民币给矾山镇埔坪学校建教学大楼。当时，青年企业家王均瑶给老家捐了 20 万元，我说："王均瑶捐 20 万元，我捐 25 万元。"那时 25 万元是很大的一笔数额，这里面还有一部分钱是我贷款拿到的。后来，我以个人名义资助了 100 个学生。但个人的力量毕竟有限，需要帮助的人太多了，于是我就召集了一批人一起来资助这些学生。其中，广西地区 100 人，温州地区 100人，福建地区 100 人，一共 300 人。

我原来的目标是每年资助 100 个学生，而且我都会挨家挨户去走访，核实他们的信息是否真实。这主要是因为有一件事，1993 年，我在平阳山门小学资助了

陈安生走访捐助学生

30 个孩子。1994 年春节，我让助理把这些孩子带到温州。当时，温州飞机场刚建成不久，我想让这些孩子看看飞机场，带他们尝尝肯德基，这些对他们来说都是很新鲜的。我的助理们带他们到中山公园去玩，有个助理回来告诉我说："陈总，你上当了，我在中山公园碰到一个学生的妈妈，戴着金耳环、金项链，很粗的那种，衣服穿得比你还好。她怎么会是我们资助的对象呢？"我说："有这样的事情吗？"这些名额是县里有关部门报送上来的，我没有去考察。我听完后觉得太过分了，心想他们是不是把名额分配给自己的亲戚、朋友了。从此之后，我都会挨家挨户去走访我们所资助的学生，将那些不符合条件的剔除，符合条件的留下来。

走访那几年也确实很辛苦，从 1994 年到 1997 年，我每年要在走访上花费大量的时间和精力。一直到 2013 年，我都是采取走访的方式。

让我感到很欣慰的是，那些年帮助过的孩子现在都已经长大成人，有的已经 40 来岁，当时我对他们说："给你们帮助希望你们长大后能够把这份爱传播出去，这就是我最大的心愿。"至今还有孩子和我有通信交流。

我建立起了一支慈善队伍，起初只有三五人，我们彼此信任，互相支持，大家都想做一些好事。其中有一些是曾经的白血病患者，在我的帮助下康复后，愿意跟着我做一些慈善。他们有些人想募捐，但不知怎么捐，捐到哪里，很多募捐者对一些组织缺乏信任。当时，我四处奔波捐款，与他们结识，有些人就选择跟我一起做慈善。他们知道，我在做一些项目选择时会严格把关，募捐标准公开透明，一旦达到目标就不再接受捐款，不给任何人增加负担。

2013 年，我们慈善队伍的人数已达百人，队伍组成也很多元，有博士生、研究生、机关干部、平民百姓，他们来自天南海北，有新疆、辽宁、北京、上海，江苏、江西、福建、广西以及温州等省市，都是我原来走过的一些地方。大家都是奔着"善意"来的，彼此一起策划、组织活动也有十年了。他们对我都很尊重，我们现在每天在微信群里互动。

我们做慈善并没有在国内成立基金，原因在于民政部有个要求，成立基金必须严格遵守慈善法规定。比如我在上海成立基金只能服务于上海，在温州成立基金只能服务于温州。我觉得这个局限性太大，并且还要垫付 200 万元的押金，而我本人是天马行空的，不喜欢受困，我这支队伍也遍布中国各地。

俗话说："授人以鱼，不如授人以渔。"2014 年，我们的爱心团队在河南一所中学开展心理疏导讲座。互动时，学生递来一张"我想自杀"的纸条，我们及时一对一地开展学生情绪缓解工作。这件事带给我们很大的震动。

讲座结束后，团队里有个成员是国家二级心理咨询师，他说："安生姐，你每次带着钱过来资助这些学生，不如帮助那些心理不健康的孩子。挽救了一个孩子，就等于挽救了一个家庭。"后来我就决定从 2014 年起，组织开展青少年心理健康公益巡回讲座。我迅速组织了几位国家二级心理咨询师在河南巡讲，帮助孩子进行心理疏导和干预。以河南为起点，往后每年在浙江温州、福建福鼎、江苏宜兴、湖北红安等地进行巡讲。之所以选择河南、红安等地进行公益巡讲，是我的志愿者团队中有许多当地人，虽然现在都在江苏、上海工作，但他们希望我能去他们的家乡开展公益巡讲活动。5 年下来，巡讲活动为青少年带去了心理健康教育课程、文明礼仪课程、励志课程，受众面达到 5 万多人次。

疫情暴发前，每年三月我都会回国。我和我的志愿者团队在元旦前，就已经安排好具体行程，团队的老师也会把自己的时间腾出来让我调配。每次公益活动为期两周，活动前老师们还要准备课件，由于我们到不同地区会面对不同人群，所有课件都要重新调整，从策划到扫尾前后耗时一个月左右。

我是公益讲座的组织者和带队人，团队的餐旅费和住宿费等都由我来承担。团队里每个老师的每一场讲座我都会到现场去听，老师们也会觉得很开心。公益巡讲跨度很大，面向全国。这些巡讲受到了各地教育部门的欢迎。由于国家教育大纲没有涉及青少年心理公益讲座的内容，所以这些讲座需要学校教育部门审核通过后才能走进校园。各地教育局局长听到我们的巡讲初衷和取得的成绩后都表示十分支持，像湖北红安的教育局局长、江苏宜兴的教育局局长、温州乐清的教育局局长等都十分欢迎我们常到当地开展巡回讲座。这些讲座可以说是挽救了一些家庭，我觉得如果一场讲座，50个学生中有一个学生受益，或者50个家长中有一个家长受益，我们就已经很开心了，这在一定程度上可以减少学生自杀事件的发生。

我做慈善并没有给自己订立很大的目标，只想去尽一份绵薄之力。还是我常说的那句话："勿以善小而不为，每个人都可以散发自己的光芒，大有大的做法，小有小的做法。"我就做一只小小的萤火虫好了，不给自己压力。做慈善如果有了压力，那就有了包袱，我觉得那是伪善，不是真善。

2021年，红安县第一小学有个学生跳楼了，当时县教育局局长联系我，问能不能派我们的老师做一些心理干预。因为学生在学校跳楼会对学校的教职工和学生产生影响，于是我马上让我们的心理咨询师到该校进行心理疏导讲座，反响非常好。从这点上，我觉得这种讲座要比直接资助他们钱更加有意义。这也是我内心里觉得挺得意的一件事情，我认为我们真正踩到点上了。

除学生和家长外，我们公益讲座还向社区开放。有一次在永嘉讲座，为缓解企业家的心理压力，我们侨联特意组织了一场针对企业家的心理讲座。

有人说我这种热心助人的品质很像我的父亲，我也是从旁人口中得知，我父亲当年曾因同事家庭困难，而将工资评级的名额让给同事。我很自豪，父亲善良且伟大的品质在我们这一代人身上得到传承发扬。

陈志远：在外，人要把自己做好

陈志远

1956 年出生于温州市鹿城区。1997 年负债走出国门，前往迪拜进行创业，历经打工、摆地摊，一共创办了"中国商品城""志远鞋城""中国轻工城"以及"中国汽配五金城"四家商城，后在南美创办"中国商贸中心"，被称为"商场大王"，先后获得"风云温商""中国优秀企业家"等称号。2003 年创立了阿联酋温州商会，连续两届担任商会会长。2007 年捐资 300 万元成立"农村贫困学生助学基金"，为温州困难的大学生提供支持，后向温州少艺校、温州城南小学等学校提供资助，创立志远义工社，进行教育慈善工作。

访谈时间：2022 年 8 月 5 日
访谈地点：温州市鹿城区王朝大酒店
受访者：陈志远
采访者：罗甜甜、蔡安琪、易永谊
录音、摄影：蔡安琪、罗甜甜
文字整理：蔡安琪

吃了苦和亏，才明白

　　1956 年 12 月 29 日，我在温州市鹿城区出生。当时家里的条件一般，我父亲是一家日营公司的职员，母亲是企业里的职工。听起来好像还不错，但是我家是一个子女比较多的家庭，我上面有三个姐姐，下面有一个弟弟和一个妹妹，加上我一共 6 个孩子。而且，那是计划经济的时代，每家每户都是用票的，按人头分，吃穿用度都有限，父母的工资又不是很高，消费习惯也不像现在，那时候凡事都比较节俭，6 个孩子的每一张嘴都在嗷嗷待哺，要吃饭，所以生活上还是有些困难的。

　　等我到了读书的年纪，突然来了个"文革"，两派斗争，乱得很。我当时在城南小学，虽然说学是上了，书是读了，但在那个年代，大家的心思都不在学习上，我也受到了影响。书没有正常地读，也没有读好，上学只是个形式。最后，我中断了学业。对于我们这一代而言，学校里的教育确实是缺失了。

　　虽然在传统意义上，我接受的教育并不多，不过，我的家庭却对我产生了很大的影响。我的父母都是老实人，规矩且恪守本分，特别是我爸，虽然他并没有像人家说的，有多大本事，但是他朴实，无论是做人还是做事，都成了我日后学习的榜样——温州人身上的诚信品质，以及待人接物的热情，在他身上都有所体现。过

陈志远参加温州鹿城海外华侨华人联合会第三届会员代表大会

去别人来找他帮忙，他都会全心全意去帮助，哪怕自己也遇到了困难，会更辛苦一些，但他从来不提。我从来没听到过家里有他抱怨的声音，他用自己的实际行动告诉我："在困难面前要耐得住性子。"这个道理，我记了一辈子。

我的母亲平日在企业里上班，在孩子如此多的情况下，她给我的印象总是忙碌的。母亲下班后要做家务，6个孩子都在等着她，说实在话，她在教育方面确实有心无力，但我认为，她已经尽力做到了最好。

我儿时也有爱好，但大多数都是不能实现的，比如下象棋，我当时的技术算是不错的。但是家里条件有限，能吃饱就不错了，所以，所谓的爱好也就更加难以发挥了，到最后，也就只能任它破灭。

少年时期，就这样平淡地度过，我自己从来没想过，在未来有一天会成为什么样的人，做什么样的事。直到后来，我开始第一次创业，30多岁的小伙子，身强力壮，精力充沛，每天有花不完的力气。20世纪80年代，我偷偷摸摸地办了企业，但无奈当时的环境还不是很开放，政策也有一定的约束力，而且"运动"也比较多。那时候赚钱还是很神秘的，大家都不放在明面上去讲，我们也怕查，不敢去放开手脚就难以发展。现在想来，那是一个很可惜的年代，也是一个充满遗憾的年代。

不过通过办企业，我手上还是攒了一些积蓄。青年人有钱，年轻气盛，却没有文化，又没有什么乐趣，可想而知，难免会走上歪路。我过去对赚钱也没有明确的概念和目的，喜欢出去玩，后来我迷上了赌。"赌"这件事是很可怕的，沾染上以后，如果不节制、不自律，那么就是在挥霍时间和金钱，再多的财富，到最后也会"竹篮打水一场空"，我也一样。这时我才明白，人赚到了钱，如果没有适当的爱好，只会打打牌，却不会在精神上追求更多的养分，那就会吃亏，走下坡路。

第一次创业的成果，就这样在我手里，像沙子一样被风给吹散了。失去了钱财以后，我也有了新的看法——人一定要吃苦，苦不可怕，只有吃苦以后，才知道财富的重要性。

为了还债，我把房子卖了，但依旧无法补全这个漏洞，还欠了 50 万元的债，这在那个年代可不是一笔小数目。但在这段人生的低谷期中，我的家人一直在陪伴我，即便负债累累。只有我的家人，因为这份血浓于水的关系，在最困难的时候，无偿地给予了我温暖。

可是，那时候我才 30 多岁啊，我常常问自己："难道我的人生就这样了吗？我要背负这些债务一直到老吗？"我觉得这不是我想要的，人的一辈子也不应该就这样算了。于是，我开始另谋出路。

厚积薄发，"沙"里淘金

说干就干，第二次创业，我到了迪拜。我发现想要在温州再重新崛起，可能性已经很小了。因为温州是一个人情社会，跌入了谷底，人家要帮你，实际上是很难的，自己想要发展，也有很多限制，所以我打算去国外拼一拼。

1997 年，我来到迪拜，那时候我已经 40 多岁了。我选择去迪拜首先是因为去迪拜的开销比较低，成本小，不像去欧洲，当时很多人去意大利，那里花费就比较大；其次，我通过调查发现，迪拜是一个刚刚起步的国家，又是一个石油国家，我认为那里的商机相对来说会更多一些。

去迪拜之前，我倒是没有做什么计划、准备。如果一个人做事情，想得很好却没有行动，那也是没用的。当人到了一定的环境，潜力就会被逼出来。我根本不会迪拜那里的语言，英语也是一窍不通，但这不要紧，到了那里之后，自然就能学几句，也必须要学会几句，最起码会说几句通用语，能够满足生活的基本需求。

向朋友东拼西凑了 1000 美元以后，我默默揣到兜里，带上简单的行李，毅然决然地踏上了离乡的路，前往迪拜。去迪拜，也不是一下子就去成了。我先到广州，后来又去了香港，辗转反侧才来到了目的地。

最初到迪拜，孤身一人，是很艰难的情况，也带不了家人。在那里，我是重新一步步开始，一点点积累的。到了迪拜以后，说要创业，但哪有那么简单呢？由于之前的教训，我不敢把本金拿出来冒险。因为条件有限，只能从最底层的工作做起。先在别人家里做小工，那家人是温州老乡，算是照顾同乡，为我提供了一个免费的住所，我就睡在他家仓库的地板上，虽然艰苦，但也是因为这小小的一块仓库地板，节省了我的住宿费。这对于当时的我来说是很大的帮助，所以为了感谢他，我还要很早起来，为他做些杂事，比如烧饭、煮咖啡、打扫卫生等。

但语言方面，依旧是个难题。我对英语是完全不懂啊，为了能在国外与他人进行正常的交流，我买了一个复读机，每当在厨房里干活的时候，就戴着耳机学习，从最简单的英语单词开始，脚踏实地，一个单词一个单词去记，把自己的能力提升起来，后来总算能说上几句话了，日常沟通方面也顺利了很多。

我一直记得自己出国的目的，去迪拜可不是为了做小工的，所以我还要抽空调查迪拜市场的基本情况。每天，我都要利用自己空闲的时间出去跑市场，几乎跑遍了大半个迪拜的大街小巷。后来我发现，中国的商品质量好，价格低，在迪拜很受欢迎。但我的本金有限，于是我的脑子里冒出了一个想法，要不去摆地摊吧！从摆地摊开始做，成本低，最实际，风险也比较小。

我最先是从一个上海人那里进了一批货，效果果然不错，心里也渐渐有了底，为未来的发展打下了一点基础。但那段时间，也是真的辛酸，每天几乎要走 5 个小时的路，一天下来就啃一个面包，喝一瓶矿泉水。晚上累得不行，回到家里，拿一些废旧的纸板箱往地上一铺，脑袋里昏昏沉沉的，也不管周围的环境有多差，翻个身就睡着了。就这样，我"熬"着日子。

迪拜的天气是很恶劣的，不像温州，温州叫"温润之州"，但那里的夏天很热，最高都能达到40多度，太阳也很晒，地面烤得都发烫，人就像在蒸桑拿一样。我每天出来摆地摊、进货、搬运、整理、叫卖、讲价，这些事情都需要我一个人完成，等到回去的时候已经一身臭汗。

日复一日，年复一年，要说不辛苦，那是不可能的，但是我依旧坚持着，坚持的原因很简单，那就是我的家人。家人是我的支柱，只要一想到家人，我就觉得必须去做，特别是作为一个男人，我要为他们提供更好的条件，要做出成绩，有了这个想法，身上自然就肩负起了更大的责任，做起事情来也更带劲。

日子就这样一天天度过了。经过了两三年的不断积累，通过摆地摊，我也有了一些钱，就开始计划着去发展，去放开胆子闯一闯。

做中国人自己的商场

当时通过了解，我发现在迪拜没有一家中国人的商场。其实当时来迪拜"淘金"的中国人也不少，美国有华人街，而且办得这么热闹。那么，为什么我就不能在迪拜创办一个中国人自己的商场呢？这是一个难得的商机，这个想法在我脑袋里冒出来以后，就悄悄埋下了一粒种子。

2000年，我在木沙拉路看上了一家商场，有一万多平方米吧，很大，我打算用它来作为中国商品交易的场地。但如果要租的话，我哪里有这么多钱呢？我只是摆了几年地摊，一下子根本就拿不出来这些钱。于是，我几乎每天都去这家商场的房东那里说，几次之后，他终于答应我了，可以让我先付定金，等三个月以后，再付房租。他的这个决定，为我提供了一个缓冲期，谈场地这件事，就算成功了。

之后，还要解决商户的问题。这也是一个关键，如果我自己去招商，去哪里招商？该怎么说服别人？又该怎么把在迪拜的中国人聚集起来呢？幸好，当时我认识温州劳动局的副局长，我把这个困难告诉他以后，他当时就跟我说："志远，你别急，我可以帮你招一批温州人。"温州劳动局与我们个人毕竟是不同的，以它的名义进行宣传，平台更大，受众面自然也更广，更有保障。于是，公告一发，短时间内就有一大批的温州人来跟我联系，可以说，电话根本没有停下的时候。所以，这位副局长是我的恩人，我打从心底里感谢他。最终，通过一段时间的招揽和组织，一共有一百多家商户入驻商场。我的第一个商场，就这么开张了。

作为中国人，为了把中国商品的牌子打出来，我给这家商场取了个名字，就叫"中国商品城"，在招牌的旁边，还挂上了一个鞋子的标志，因为我打算，把鞋作为主要的商品进行批发、销售。

其实当时，我在正式办商场之前，温州商务处的人就有来找过我，语重心长地劝我说："志远，你最好还是不要办了吧。"其实我也理解他，说人家担心，也不是没有道理的，这么多温州人一下子聚集在一起，万一办不好，怎么办呢？这背后关系到的是许多家庭，关系到的是温州，甚至是中国、阿联酋。但是我向他保证说："你放心，我有决心，一定能把这件事办好。"

我兴办这个商场，主要是为中国人服务，是为了把中国人的产业和商品带到迪拜，再转口到非洲，建立一个商品流通的平台。然而说到底，我是第一次办市场，对里面的运营终究还是不太明白，也正是我的"不太懂"，导致了整个市场在当时处于落后的状态。刚开始的时候，商场一开起来，还是非常热闹的，里面人来人往。但是市场需要培育期，过了一段时间就出现了乱子。起初我还不太明白，后来发现，原来是管理的问题。

在里面开店的温州人，由于他们不懂得鞋的品种，走了弯路，导致整个市场里，鞋的价格和类别，都变得很混乱。商户们自己是不穿这些鞋的，但是一看到别人的产品卖得好，就去模仿。模仿图的是方便，节省时间，但这样做的结果，就是商场里有几家的鞋好卖，有几家的不好卖，两极分化严重，这是很不好的现象。到最后，鞋的品种变得很单一，来光顾的客人就少了，为了赚钱，商户之间相互压价，慢慢变成了低价竞争。不好卖的那几家店积压了商品，亏损后退出了市场，那生意就开始难做了。这其实也是我们温州人做生意的弊病。

这是我在市场管理上吃的第一个亏。在这个市场里，商户们都赚不到钱，怎么叫他们出钱呢？一些人的租金就不交了，不交怎么办？房东催得紧，商场还是要

陈志远受邀参加国庆观礼活动

继续维持下去啊！我心里很着急，难道这次创业又要以失败告终了吗？不行啊，得想办法。那段时间，我整天焦头烂额，晚上翻来覆去睡不着，想了很久，实在没办法，就悄悄回到温州，跟我父母亲讲了这件事。我跟他们说："我现在知道市场办不好的原因了，但是我觉得这个市场肯定是有潜力，有发展前途的，就是现在急需一笔资金。"

我父亲话不多，但是他很理解我，完全地相信我支持我，这就是我认为他伟大的原因。听说了这件事以后，他默默地把自己的房子全部卖掉，为我凑了钱。当他把钱塞到我手里的时候，我手里和心里都沉甸甸的。后来我才知道，因为我，他们自己只能住在租来的小房子里，生活很拮据。

在父母的帮助下，我回到了迪拜，顺利地渡过了这个难关。正是这笔钱，让我在他乡，能够保持住温州人讲究诚信的品质和形象，也为我后续的发展提供了有力的保障。如果没有这一笔资金，这个市场是维持不下去的，那迪拜的中国人都要受牵连。正是家人这种无条件支持，让我在面临困难时，能够有很大的勇气，同时，这也是我在外打拼时最大的动力。

经过这一次的教训，我积累了一定的经验。回到迪拜以后，最重要的一件事，就是要调整商场的管理模式。我召集商场里剩余的商户们开了一次会，制定了一系列的规章制度。跟所有人先讲明情况，在我的商场里，如果要做鞋、卖鞋，首先一点就是不能模仿人家，只能自己原创，大家互相监督，如果哪家商户还是出现了这种情况，那么对不起，哪怕我租金不要，这家店也不能在商场里继续开下去了。我想，我吃点亏没关系，最重要的是要维护好商场的牌子，让更多人的利益得到保障。

制定了这样的规则以后，大家做生意就开始变得有序，商场经营也开始规范化。过了三四个月以后，市场的生意果然变得非常红火，商户们赚了钱也愿意续租了，大家都十分高兴，我们的商场能继续办下去了。再后来，其他的中国人，甚至还有外国人，也都来找我问店面的情况，想要加入进来。

于是我想了想，既然一个市场不够，那就开第二个。我在隔壁又租了一座商场，取名为"志远鞋城"，以我的名字命名，打算把自己的牌子打出去。第二个市场办好之后，又开了第三个市场，叫"中国轻工城"。因为当时温州举办了轻工博览会，主要是为了轻工业产品的转型提升，每年一办。我想着不能忘本，要为温州融资博览会造声势，而且我们卖的产品本就属于轻工业，所以取了这个名字。后来开的第四个商场叫"中国汽配五金城"，经营了一段时间以后，就送给了我的担保人，因为他一直对我很好。

总的来看，前前后后一共开了四个商场，我的生意可以说是越做越大。其实从这也可以看出温州人和上海人最大的区别，我接触过上海人，他们知足，赚了钱可能就不想发展了；但是温州人求发展，只要有条件，只要政策允许，都会尽可能去创造更大的财富和幸福。这就是温州人的精神——敢闯，敢干，不怕苦。

别人总是问我，眼睛怎么这么"亮"，能够发现这些商机，能够成功。其实我觉得还是有温州人，或者说中国人的讲究在里面。在家里，因为上面是两个姐姐，所以我是长子，和弟弟不同，要更有担当，做起事相对来说也要更有魄力，有闯劲。家里如果碰到事情，我作为长子理所当然要站出来。这种责任感也让我在外拼出了一番不错的成绩。

2005年3月8日，我又跑到了南美的智利，创办了中国商贸中心。因为当时温州劳动局跟我联系说:"志远,在迪拜,已经有了成功的先例,你看是不是可以再去别的国家,也弄一个这样的市场呢?"我听了觉得有道理,温州人的足迹是遍布世界各地的,既然有条件,那这个想法,也值得去试一试。于是我就带上一批人,去了南美,在这块比较容易受人忽视的地方,希望能够抢占先机,占领另一个国际贸易的平台。

在南美的智利,我整整待了三年。新的市场叫作"中国商贸中心",也是以"中国"为开头命名的,为的就是开辟中国商贸的路子。因为之前办市场有了经验,所以这个过程也比较顺利。办好了之后,我又开始想,南美和温州的距离相对比较远,从温州到迪拜,坐飞机要8个小时,到南美,却要30个小时,再说,我当时已经担任了省政协委员,每年开会次数又多,还要去北京开大会,自身的精力有限,实在没有办法兼顾。为了能够保证市场更好地运营,也是抱着"求质不求量"的心态,我就把这个商场送给了我朋友,而我也顺理成章地把这个担子给卸了下来。

在外打拼了20多年,困难遇到了不少,我总结过经验。首先,国外的法律一定要弄清楚、搞明白,每个国家的情况都不同,哪些能做,哪些不能做,自己心里有了数,在外做事就有了底;其次,做人要本分,这是我从父辈那里得来的智慧,也是最关键的,通过这几十年的积累和努力,如果可以把自己的形象、招牌做出来,并且打出去,一旦在外面能获得外国人的认可,那办起事来,也就方便多了。

沙漠里的温州商会

办了市场以后,温州人在迪拜的数量开始不断增加。出门在外,我们需要团结,需要经常沟通、帮助,商会就能够为我们提供一个很好的纽带,搭建起一座桥梁,促进大家共同发展,共同致富。

于是在2003年,我们的阿联酋温州商会成立了,这是我们温州人自己的商会,我也当选了第一届会长。刚成立时,我们很风光,时任温州市委书记李强,以及温州一些比较有名的大企业老板,都来为我们剪彩,阿联酋温州商会获得了社会

陈志远参加第八届粤港澳温州人大会

的广泛关注。一方面，作为会长，我感到很荣幸，很高兴；另一方面，我也意识到了，商会所具有的影响力，是超乎我们想象的。

温州人都是"抱团"的，有了商会以后，我们温州人就能够聚集在一起，既有了名义，也有了平台。我们之间相互帮助，渐渐形成了一个友爱的群体，像是一个大家庭一样，大家都是兄弟姐妹，真的就是"抱"在一起的。

每年，我们商会都会举办很多活动，包括"旗袍秀""春节晚会"等。尤其是春节，对于我们中国人来说意义非凡，所以我们都办得特别热闹。在春节晚会上有唱歌、舞蹈、走秀、拳击表演等，表演很多，虽然说水平可能不是很高，但是我们中国的元素在里面都有所体现。而且，我们商会还会邀请当地的外国人来参加，让他们也能够了解我们中国春节的文化内涵和意义，通过这样的形式，也与他们进行文化交流和传播——我们了解他们，他们也能够了解我们，这是相互的。

为什么我们都会去参加阿拉伯的很多活动呢？就是为了了解他们的文化。为什么要穿这些衣服？为什么要这么做？这些问题，也只有参加了他们的活动以后，我们才能知道。所以，我们才要把这些活动办起来，在欣赏我们文化的同时，阿拉伯人也能看好吃好，大家高兴，在我看来，这就是文化的交流。

不仅如此，我们与当地的阿拉伯商会也有交流。在迪拜，他们的商会实力是非常强劲的，会长是当地大家族出身，相较而言，我们就像一只小蚂蚁。但是，我们之间也能够保持相互尊重，平等沟通，我觉得这一点还是非常不错的。

迪拜建立的历史并没有很长，是一个非常包容、开放的地方。但其实无论在哪里，都会有文化的差异，所以就更加需要站在对方的角度去看待问题，这样做了以后，其实任何事情都能够得到解决。比如说在迪拜，喝酒是不被允许的，但是在温州喝酒是一件非常普通、平常的事情，大家聚在一起，难免要喝点酒，所以在这件事上，我们双方是有一些分歧的。后来，我们针对这件事，专门出面与迪拜的政府进行交流和沟通，在酒文化上，我们保持了互相的尊重和理解，他们对我们也没有管得那么严了。但无论去哪个国家，我首先主张的就是要先把自己做好，这样我们在别国做事能够取得他们的信任，办起事情来，我们也更方便一些。

然而在商会里面，并不都是一帆风顺的，也出现过一些难题，但是都及时解决了。其中有一件事，让我印象格外深刻。有一天，商会的主席包泽东突然打电话给我，慌慌张张地说："志远，我一个亲戚的小孩，在迪拜被绑架了！"这件事发生的时候，我正好不在迪拜。这家人是乐清的，开开心心来迪拜游玩，孩子却被另一个中国人给绑架了。

当时得知这个消息，我一下子就有点懵了，这可是件人命关天的大事！但我很快冷静下来，先去把孩子的父母安抚好。其实，在这样紧急的情况下，如果我们贸然以个人的名义去沟通处理，那是很难的，万一刺激到对方，反而容易出事。我个人的力量很有限，但是幸好，那时候我们的商会已经成立了。于是，我联系了商会，以商会的名义去联系迪拜的领事馆，再通过领事馆和迪拜的警察局方面沟通。就这样，通过各方的努力，在短短两个小时以内，就把这件事情顺利解决了。从电话里听说孩子已经回到了父母身边，我的心也随之放了下来。

不仅如此，每当国内发生重大的灾害，比如 2008 年四川汶川的地震，甘肃的地震，包括之前的疫情，我们商会都会及时向国内提供帮助，捐款捐物，大家团结起来，你出一点我出一点，二话不说就能拿出几十万元来支援祖国。这是我们温州华侨华人对祖国，对家乡的情怀，我想是一点也不落后的。我认为，这就是商会的力量，让我们温州人在外有了发声的权利，也有了坚实的后盾。

教育是国家之本

之前讲过，关于自己没有读好书这件事，我打心底里是感到非常遗憾的。因为我没有受到良好的教育，在之后的人生里，碰到需要上台发言的场合就有些不太自信，也不太愿意讲，其实讲好了自然好，对别人的思维也有提升，但如果讲不好，底下的人不太喜欢听，那就是在浪费时间。

不仅是我，我身边的朋友们，其实也是如此。其实我知道，他们都是很善良的。但是因为他们的文化水平有限，在成长过程中难免会碰壁，走歪路，到最后只能在社会上混迹，把自己的青春也浪费了。在我看来，他们是很可怜的，也是很可悲的。要说他们有错，错在哪里呢？就是没有受过教育，如果有知识有文化，接受过正确引导，他们胆子又大，只要能抓住机会，可能都是做事业的好手。

作为朋友，我真正能帮助他们的地方其实很有限。当初在迪拜做市场的时候，看到社会上的几个好朋友无所事事，我就都让他们加入进来，跟我一起做生意。但是我们这种改变，说实话是一种恩赐，其实改变得并不彻底，如果真的想要根本上的改变，那我觉得还是要从教育入手。

现在，好多人在事业上有了一些成就，想要把自己的故事讲出来分享给大家，依旧很难。因为没有文化，不知道怎么讲。他们的人生经历其实很丰富，肚子里也有故事，有素材，但是他们没有记录的习惯，光靠脑子，那是记不住的。到了真正要说、想说的时候，却发现没有内容，这就是难题。这些都是教育缺失的结果。

对于自己孩子的教育，说实话，我也觉得有些愧疚。2001年，我在迪拜最难的一段时间里，我的孩子正好上初中，那个年龄，是最善于也是最期望交朋友的阶段，但是当时家里条件不好，房子也是租过来的。社会是很势利的，孩子在这种情况下，慢慢变得有些不自信，而且父亲不在身边，孩子没有办法比别人过得更好，也没有受到更好的教育。

所以，等我第二个市场办好了以后，我就把他接到迪拜。不为别的，首先要做的就是抓教育，我找了一个德国的老师，他经验丰富，曾经教过王室，我对他说："钱不是问题，只要能教好就行。"之后，他就单独为我的孩子上课，教了大概三个月，孩子在英语方面确实进步了很多，最后考去了英国，读了几年工商管理，后来一直在英国发展，家庭幸福美满，我也很欣慰。我很支持他的爱好，我一直跟他说："你可以做一些自己喜欢的事情。"如今，他自己开了一家公司，经营并且管理一些线上的项目，做得也算是不错的。

　　我对于教育，还是很重视的。我知道教育的重要性，不只是因为我个人的经历，身边有太多人，因为文化程度的原因，前路受到限制。我也总想着，教育是国家之本，是民族的希望，如果教育做好了，社会就会往更好的方向发展。

　　所以，我的慈善事业也主要围绕教育展开。大概是在 2003 年，我应邀参加市政协会议。当时的团队把我们带到了温州大学参观，同时与学生进行交流沟通。我意外地发现，竟然有一大批山里的学生都是通过贷款来上学的。我知道了这件事之后感到很心酸，也想为他们做点什么。

　　于是，我马上创办了农村贫困学生助学基金，投了 300 万元，每年解决 30 个大学生上学读书的问题，后来改名为"志远慈善助学基金"，为每个人又多加了一笔助学金，前后一共坚持了 10 年。其间，有许多大学生都很有成就，我记得有个孩子考到了南京当飞行员，还有好几个成了医生。我很替他们感到高兴。

　　但是当时我忙于事业，每天在各地谈生意，没有时间，所以就委托给商会的主席王德志，让他负责这件事，这批学生都交由他来联系，我也可以说是一个幕后的人。说句实话，我们进行资助的最终目的，是希望他们能够有好的成长环境，学有所成后回报社会，将这种帮助的火焰传递下去，这就够了。所以我对教育，也是很有情怀的。

　　还有温州艺术学校，就是现在的温州市少年艺术学校，说要新建教学楼，但是缺钱。其实我当时不是最大的老板，但是听说要捐款，就主动问了主办方，最多的人捐了多少。得到的答案是 50 万元，我想我也要尽一份力，于是我说："那我也捐 50 万元。"最后，大家总共凑到了 1000 多万元，盖成了房子。解决了这个问题后，

陈志远在志远工作室内

温州市少年艺术学校经过不断地发展，现在已经成了温州地区的名校。

2009年，我办了一个项目，每年挑选温州市30位优秀教师，资助他们走出国门，去交流、学习。我当时是以商会的名义，但是钱都是我自己出，安排这些老师去迪拜、开罗这些文化古城，进行参观和考察，来提高教师的能力和水平，前后一共组织了三批，这些老师也觉得很有收获。但是后来，由于政策原因，我们就停止了。

后来，我又创办了一个基金，在城南小学，那是我的母校。我是1969届的校友，我儿时在这里接受教育，所以本身对学校的情感比较浓厚，我就把大部分的精力都放在了这里。2014年，城南小学百年校庆，我回到这片熟悉的地方，在这里组建志远义工队，让学生参与义工活动当中。这个义工队活动很多，有到公园里去给人提供帮助，夏天泡茶，冬天煮粥。我还设立了志远奖教金，作为老师、学生参与义工活动的经费。我认为，志愿活动是教育孩子很重要的方式，在这些活动里，传递的是爱心，爱就像太阳一样，能够照亮身边的每一个人。

现在我还有个新的想法，不仅是正在读书的孩子，还有很多华侨，特别是中年华侨，儿时没有接受过良好教育的，如今有空闲时光却少有积极的娱乐活动，如果可以多多看书，那就养成了一个能帮助自己进步的好习惯。很多华侨同胞跟我讲过，自己的事业有了成就，但是没办法提升自己，是很可惜的一件事。所以，我接下来打算开始要往成人教育这个方向努力，要为文化程度不高的华侨提供一个良好的学习平台，让他们的需求能够得到满足，我最近也在着手这件事，联系了温州大学的老师，打算齐心协力去办好。

现阶段我主要要做的事就是锻炼身体，每天散散步，但是缺少精神上的满足。所以想要把教育做好，培养一批更加优秀的老师，也要继续培养学生。

其实这几十年一路走来，从温州到迪拜，再返回家乡，去了那么多地方，经历了那么多事情，我的心态有了很大的变化，凡事都看淡了很多。到了我这个年纪，平时没什么事，但如果要我一直坐在家里也待不住，我还是希望能够跑出来。跑出来干吗？那就是进行更多文化上的交流。其实人生是很短暂的，但是我希望可以在短暂的人生当中做一些有意义的事情，让自己也活得更有意思。这就是我目前在做，并且想要做得更好的事。

王俭美：

我能成功，靠硬笔、铁嘴和内在驱动力

王俭美

1959 年生于温州乐清，现居洛杉矶。温州师范学院（今温州大学）中文专业毕业，1992 年赴美，曾任记者等职，后与他人合资创建企业，2006 年与妻子创立独资企业美国贝佳天然药业（Best in Nature）。担任过多届浙江省侨联海外委员、中国侨联海外委员，现为南加州美国华人联合总会荣誉会长、美国浙江经贸文化联合会荣誉会长、温州旅美同乡会荣誉会长。著有《美国加州华裔名人列传》《美梦成真》《我和遥遥在美国》《洛杉矶女孩和她的创业老爸》《百万山庄》《横看成岭侧成峰》等。

访谈时间：2022 年 12 月 10 日
访谈地点：线上会议
受访者：王俭美
采访者：方韶毅、徐淑瑜、陈媛
录音、摄影：徐淑瑜
文字整理：陈媛

求学时期的美好记忆都与文学有关

我出生在温州朔门，成长于乐清城关，在家排行老二，还有一个哥哥、一个妹妹。我的父亲王银松年轻时加入了浙南游击纵队（三五支队），他是乐清城关的第一任镇长，后去了台州临海工作。我母亲的工作也在台州，她是当时玉环县的妇联主任。因为父母工作忙，又都在外地，我 8 个月大的时候便被寄养在乐清祖母家。当时，除了我家三兄妹还有伯父家的几个小孩，大家生活在一起。祖母虽不识字，却教会我们许多礼俗。从小祖母便教育我们不能用有字的纸如厕，因为那是对孔夫子不敬。她也会给我们唱一些温州地区的童谣，夏天晚上我们几个孩子睡在凉席上，一边看星星，一边听祖母给我们念童谣："天上星，地下人，着件蓑龙拜丈人。丈人还愿，还到乐清县……"她不仅会童谣、谚语，还会自己调配一些"土方子"，我们生病的时候总是她给我们去给抓中药，祖母的"土方子"让生病的我们恢复得更快，在祖母的陪伴下我度过了童年。

自我识字后，父亲每周都会寄来一封信，我就跟着写回信。随着往来的书信越积越多，慢慢地我的写作能力也提高了，对文字的情感也愈发深厚。后来，我不光写信，还写日记、散文，这些爱好都离不开我父亲的影响。我在乐清中学（乐清一所重点高中）念书时，担任学校的团委副书记（当时的团委书记是学校老师），负责协助老师统筹学生活动。由于我对写作有浓厚的兴趣，我还和张一川、陈江天等同学一起创办了校刊《山花烂漫》。我们向同学们约稿，同学们将稿子交给我们，从编辑稿件到排版，再到最后的油墨印制、出刊，都是我们几个负责的。

报考大学时，我坚定地选择了中文专业，而且我的高考分数达到了南开大学、杭州大学（今浙江大学，以下简称"杭大"）的录取分数线。但由于父母在"文革"后期站错队，当时的政策规定，我不能去念书。等到可以挽救时，只有温州师范学院（以下简称"温州师院"）还有名额，所以我就留在了温州。因为录取时间比其他同学晚一个月，我一度被人怀疑是走了"后门"。实际上，我的分数是全专业最高的。

可我还是对本该去读的学校充满向往。于是，我干脆向温师院申请休学两个月去杭大，我说服了一位与我高考分数差不多的同学，住在他的宿舍里借读过一阵子，感受杭大生活，也算是圆了自己的一个梦想。虽心有不甘，但我在学习上从未松懈。受姜嘉镳、李美蓉、侯百朋等温师院老师的影响，我对写作更加热爱，还和同学一起创办了两个刊物：一个是和孔庆来、王秀权这些中文系里的同学一起创办的专门发表文学作品的文学刊物《九山湖》；另一个《瓯江潮》是温师专的团委刊物，内容比较丰富，更有综合性，有政治性的论文、学校的团委信息，还有一些散文等。

现在回想起大学生活，其实我心里更多的是感激。我在温师院不仅结识了一群良师益友，还遇到了我的妻子潘平微。她是我的同学，上学时就坐在我前排。不过我们真正结缘的地方，是温州市图书馆。

平微是走读生，她家住在五马街附近的晏公殿巷，离县前头的温州市图书馆不远。我俩志同道合，都是书迷，她不上课就去那里看书，我闲时也总往那里跑。当时，那是全市最大的书库，我常常带着一大摞书去找她。闭馆后，我们还舍不得分开，总徜徉在县前头的街灯下交流读书心得。后来平微考研，馆里有关外国文学的著作几乎被她读了个遍。用我妻子的话说："我俩的成长离不开图书馆，那里有我们求学时代最美好的回忆。"

1984 年，奔赴西藏时机场留影

援藏生活虽苦，精神上却富足

1981 年，我和平微大学毕业。我回到母校乐清中学任教，平微则到洞头北岙教书。后来，她请假去北京大学西语系进修，我下半周就从乐清坐船到洞头替她上课。当时，我的写作课有一套独特的教学方法：从视觉、听觉、嗅觉、味觉、触觉等方面去启发学生写文章，由五感至情感，最后融入理性的思辨与结构设计中，层层递进去教学。这门课非常受同学们欢迎，评价我"为他们打开了文学的一扇窗"。直到现在，我和当年的一些学生还保持着联系，大家关系非常好。

那一年《杂文报》在全国招聘记者，听说有记者证去各地采访都非常方便，我也报了名，在朋友的举荐下我成功入选。入选后，我便开始兼职做记者。也就是从那个时候，我开始标准化、系统化地给报社写文章。这张记者证后来在援藏时发挥了很大的用处，我当时凭这张记者证去了前藏、后藏，看到了真实、圣洁的西藏。

1984 年，国家教委在学校招募援藏教师队伍。作为一名文学爱好者，我对西藏有着天然的好奇与向往，而且当时有教育援藏政策支持：援藏结束后，我们可以任选一所学校去教书。那时平微已是我的未婚妻，她正在黑龙江大学攻读外国文学硕士。她既然走得远了，我也想跟上她的脚步，这正是一个方便后续择岗的契机。所以我报名前去援藏，先在那里的中学教语文，后在拉萨师范学校教教育心理学。当年那批援藏教师里，我是唯一一名从中学转入中专去授课的教师。

1984年至1986年，我都在西藏的师范学院教心理学。高原上的生活很艰苦，但我在精神上非常富足。两年里，我对这片冰川高原的人文产生了浓厚兴趣。我探访过鲜有人迹的原始部落，还与结绳记事的头人进行过交谈。待的时间越久、体验越多，越是能够对西藏的历史文化产生认同感，我希望能有更多的人关注到这片土地。每年假期，我都会带着当地的藏族学生一起社会实践，让他们感受家乡的风土人情，也让自己进一步接触真实的西藏社会。我几乎走遍了藏南藏北、草原雪山，用笔和傻瓜相机记录了大量的珍贵素材。我将那些奇妙经历一一记录下来，于是有了《追寻文成公主的足迹》《野人之谜》《林芝林区一瞥》《沐浴节的洗礼》等文章。它们先后被发表在《人民日报》(海外版)上。

也正是因为这些经历，让我对一些有关西藏的偏见十分不赞同。比如1997年，好莱坞推出过一部有关西藏的电影，片中极尽抹黑之能事。我看完就觉如鲠在喉，在我眼里，藏族人坦诚、勤劳、勇敢，绝非像电影里所展现的那样。除了珠穆朗玛峰，我几乎走遍了西藏，那里的景色相当美丽，平时都是晴朗的天气，蓝天白云，晚上的时候星星仿佛就在眼前。我根据亲身经历写了一本《布达拉宫的金顶》，并在美国出版。我觉得应该向世人展现西藏的真实面貌。该书出版之后，我将书寄给了美国电影家协会与美国各地的图书馆，引起了巨大的社会反响。

援藏期间，我没有探亲假，不能离开西藏。那时的通信条件不发达，为解相思之苦，我只有靠写信这种方式和远在哈尔滨读书的未婚妻交流。我每周都会给平微写一封信，内容类似散文游记。家书的开头通常先表达一下思念："你好吗？""读书好吗？"然后我会把每天的采访行程和感想写下来："下面便是一篇最近写的文章，详细情况如下……"上面提及的发表在报刊上的文章，许多内容都曾出现在我写给她的信中。

1985 年暑假，平微来到拉萨，与我在高原上举行了一场简单又圣洁的婚礼。当年，我们在高原上的婚礼还被《西藏日报》刊载报道，成了一场浪漫的盛事。只可惜长时间身处高原，导致我心脏肥大，我无法再回到西藏，这始终是我的一个遗憾。

1986 年援藏结束后，我来到黑龙江大学看望妻子。当时，有位关系要好的老师说："现在有一门课很时髦，叫'文艺心理学'。你是中文系毕业的，又在拉萨教过教育心理学，要是能开出这门课，你便可以留在这里教书。"试讲几次后，中文系的老教授们都同意我开这门课，我便正式留任了。

最初，我是以专科生的身份去教本科生四年级的选修课，后来我去考了黑龙江大学文艺心理学专业的硕士研究生。在那里，我除了继续我的文学创作之外，还阅读了黑格尔、康德、萨特、弗洛伊德、荣格、马斯洛、弗洛姆等美学及心理学大师的著作。同时，我还曾去哈尔滨工业大学等理工科大学举办讲座，在大兴安岭等地区的成人大学执教。

放弃"铁饭碗"，努力拼搏美梦终成真

我是 1992 年 11 月中旬抵达美国的，当时我的妻子已赴美留学一年有余。平微出国时，我将家里的存款全给了她，自己的生活便拮据了起来。考虑到一家人要团聚，孩子也需要妈妈，我毅然放弃了原有的"铁饭碗"，追随妻子前往美国。

初到美国时，我身上只有 250 美元，借住在哥哥的同学家。为了能有一个安稳的落脚之地，我在中餐馆找到一份包吃包住的工作。我负责洗碗、切大肠、切洋葱、炒面……后厨工作枯燥，得空我就默默背诵唐诗宋词、英文句子。因为平时无人交流，我特别想冲出去，当个餐厅的服务生也好，那样还有小费可拿。

这样的生活持续了近两年后，我在报纸上看到华人办的《天天日报》报社发的招聘广告。我心动了，骑着一辆自行车去面试。由于当时的洛杉矶城区有 89 个温州鹿城区那么大，面试官提出会开车并且有车的人能优先录取。为了得到这份工作，我用这些年攒下的钱买了一辆二手的普利茅斯汽车，开始了我的记者生涯。

1998年，王俭美（右一）在《我和遥遥在美国》新书发布会上叙说创作体会

入职后，我主要负责采访华人和广告赞助。我每天起早摸黑，业绩经常是全报社第一。我开着一辆破车没日没夜地满洛杉矶跑（日间有餐馆和公司行号的广告，夜间有舞厅的广告），每天带两个便当盒到公司，星期六从没有早于晚间七点下班。当时报社的老板还用我的事迹激励大家："你们这些开奔驰、宝马的人，要向 Jimmy Wang（王俭美）学习，他虽然开着 1200 美元的汽车，却可以把业绩冲到第一。"这只因我有一套"独门绝技"：先给那些老板写人物传记、创业史等，这样一来，赢得了好感，他们便肯将广告也一并交给我来做。

后来去《侨报》工作时，我脑子里只有一个想法：我一定得保住记者这份工作，否则只能回到餐馆打工。那里没有文学，那份工作和我的专业相差甚远，所以我万万不能再回后厨了。这里要特别提到我的老板谢先生。为了我的美国身份，他特意从旧金山飞来洛杉矶，对我说："你可以在这里通过任何途径申办绿卡。从'H-1'办或直接办，公司都会全力配合。"那一场谈话让我激动了很久，难得遇到这么通情达理的老板。我知道肯定没有天上掉馅饼的好事，老板今天给我一点恩惠，这是因为我的工作业绩特别好，后来还做了业务部副经理。

我总结过自己业绩还算成功的原因：一支写过论文和专著的笔，一张当过大学教师的嘴，以及非要保住这份工作不可的内在驱动力。我要留在一个与文学有关的场所工作，要以最优异的业绩保住我的专业人才（H-1）身份，要攒钱把女儿接到美国来，我要让全家团聚。

那时我并不知道申请杰出人才绿卡的程序，只是想着，"H-1"一年到期后怎么办？那就再签吧，反正凭此身份，最多可以在美国待三年呢。据说用"H-1"签证也可以申请绿卡，不过得投入大量的金钱和精力：这需要老板为你在《洛杉矶时报》（*Los Angeles Times*）刊登你所处职位的招聘广告，等包括你在内的所有应聘者都来了，老板再找出非你不可的种种理由上报美国劳工局。然后，劳工局再以该职位在劳工市场的平均水平来决定你的薪金。待你过五关斩六将，十分幸运地拿到"劳工纸"，再慢慢地等绿卡发放到手中。一切的一切，听得我心里直发毛，只能以"船到桥头自然直"安慰自己。

后来，孔夫子法律事务所的孔繁熙先生（孔氏第七十四代宗系世孙）鼓励我，可以试着去办杰出人才（O-1）绿卡。我犹豫着说自己的条件可能达不到，孔先生却鼓励我："我说你行，你就一定行。"

几乎是自编、自导、自演，我把自己变成了"杰出人才"，拿到了美国绿卡。那会儿妻子从丹佛移师加州，她着手将我在国内发表的三四十篇论文、文艺作品以及专著译成英文提要，工作量之大，令人瞠目。我则受本人在《侨报》刊登国际著名画家丁绍光两个版面专访报道的启发，准备将自己在美国华文报刊发表的所有人物专访编辑成册，出版美国华裔名人列传《美梦成真》一书。编书期间，我在100多天内采访了60余位华裔名人，加上之前已成文的40篇，共计108篇。为了尽快将书出版，我请了三位打字员，不分昼夜地硬是把书编了出来，当时是非常辛苦的。

1996年，我的《美梦成真》出版了。时任加州州长威尔逊、洛杉矶市长雷登分别为书作序，表彰我为华人树碑立传做出的杰出贡献。1998年，我将《美梦成真》《布达拉宫的金顶》以及自己在黑龙江大学发表的几十篇学术论文，一同作为杰出人才（O-1）的申请资料通过移民事务所上报移民局。面试时，移民官告诉我这些材料足矣，所以我最终只花了1200美元的手续费，就取得了美国绿卡。现在回想，真是非常感慨啊！我是以学生陪读身份"F-2"签证来美国的，有一段时间是"H-1"身份，现在以"O-1"在美国扎下根，心中的喜悦自不待言，美梦成真。

上面说过，我在《天天日报》工作了两年之后跳槽去的《侨报》。我觉得在那里工作实现了自己创作的愿望，工资不低，还能自己写写书。哪怕后来辞职经营公司，我仍旧笔耕不辍。我历时8年创作了反映新移民在海外奋斗经历的长篇小说《美国，那家、那家》，共计20多万字，后在中国作家出版社出版时更名为《百万山庄》。

现在是读图时代，人们不太愿意看文字。我对摄影有兴趣，六七年前哥哥劝我买台相机，我就这样开始了摄影。如今，我与夫人分别在中国摄影出版社与中国旅游出版社出版了两本摄影集，分别是《行摄路上》《行摄路上·续篇》，在国内外摄影比赛中获奖60余项。平微原先只是帮我安排行程，陪我去摄影胜地，无聊之余开始尝试拍摄，如今也拍得很好嘞！

2023年3月5日，我和妻子合作的《行摄路上·续篇》还在洛杉矶坦普尔市召开了新闻发布会，这部摄影集是我和妻子的摄影作品精选，我们俩坚守摄影的初衷很纯粹，就是想定格世界最美的瞬间，增加生活的厚度，拓宽我们看万事万物的视野。

我和其他企业的老板不同，我可以兼顾企业经营和文学、摄影创作，这一点让我比较自豪，我现在一共出版了10本书，其中包括《我和遥遥在美国》（中国作家出版社）、《洛杉矶女孩与她的创业老板》（上海文艺出版社）等。

身上流淌的温州人血液，让我们决心转战商海

我妻子在国内读的是欧美文学专业，在美国攻读心理学博士。平微最初从事的工作是心理疏导，这种类似情绪垃圾桶的工作让她觉得负能量太多，且成就感很低，她还是更喜欢和阳光、乐观的人共处。后来，她进入美国科罗拉多州的一家上市公司工作，实习期间接触到大量心理学杂志上的保健品广告，便产生了浓厚兴趣，也更加坚定了她要与商界精英打交道的决心。

开一家保健品公司的想法是平微提出的，因为她总从我采访的许多老板那里听

说"Think Big！"她原来在叶康松先生的公司工作，看到美国保健品行业的发展机遇，便决定自己出来单干，还去研修、考了制药工程师的执照。

我在创业初期属于两头跑的状态。因为舍不得《侨报》，兼职《文汇周刊》7000美元一个月的工资，并且报社的工作时间比较灵活，所以我常在上班之余帮公司送货、跑工厂。我们创立的公司位于洛杉矶郡工业市，原来只有平微与几个员工经营，后来建厂聘请了20名工人在生产线加工。之后公司实在缺人手，我才从《侨报》辞职。当时机器打完一种配方胶囊得替换上另一种，要将机器全部拆掉刷洗后再重新装回去。别看我是文科生，这些操作我都会，每天夜里总是我值班。

一开始，公司经常连员工的工资都发不出来，就靠我们的初次投资，以及我在《侨报》上班的工资撑着。后来我们遇到两位云南企业家，他们办绿卡移民需要投资公司，而我们正好也需要资金支持，双方一拍即合，我们就获得了200万美元的投资。这笔资金让公司的一切问题迎刃而解，我们还把所有设备都换成了新的。当时，洛杉矶没有一家保健品企业能有200万美元的现金流，真就像做梦一样。

那两位投资人办好绿卡之后，要求经营权和所有权分开，让我们不要参与经营。我们双方的经营理念产生了分歧，大家协商好各自可分配份额后便和平分手了。直到现在，我和平微也还是非常感谢当初他们的投资，那场及时雨让我们感受到了经营"大企业"的滋味。

也许是因为身上流淌着温州人的血液，我们心里一直存有敢为天下先的精神。因此，我与妻子下定决心，说干就干。2006年，我们成立了独资公司贝佳天然药业（Best in Nature）。平微的英语水平颇高，专业又是欧美人文、社会心理、制药工程，她深谙美国主流市场的营销策略与管理，以及美国食品药品管理局（FDA）的法规、药品生产质量管理规范（GMP）等。我最自豪的地方，则是我能把新产品很好地推销出去。

这其实关系到两个方面：顾客对产品的了解与信任。我要确保产品的说明文字通俗易懂。就比如我们的保健品"骨精华"，它可以消除关节疼痛，延缓骨质疏松。平微找到了美国同行所研制成分，我们发现在小鸡胸骨中提取的成分非常有效，然后我们购买了美国专利，配上其他成分研制出了"骨精华"这个明星产品。待有了配方成分与使用功效，我负责用中文将其写出来。成分、功效、原理，以及创新的核心理念，都要由深入浅写出来，编成百度词条。我们当然会外聘医学博士和专业团队撰写，我负责最终修改审核，因为医学博士的文章一般人看不懂，我要将晦涩的内容修改成大众都能理解的文字。我虽是一个文科生，但也要学习不少医学知识，所谓"文医相通"，公司研发"骨精华"，我就学骨科的知识；制造"心血通"，我要熟悉心脏科的内容；生产"肝好"，我就去了解养肝的知识；制作延缓妇女更年期的产品，我就去学习更年期的相关知识。

除了写保健品说明文字，我还负责跑推销。我和推销员带着监测仪器，跑过美国非常多的参茸药房，帮大家检查身体，尤其是在骨密度与心脑血管方面，测完之后说服他们去柜台购买我们的产品。创业初期，为了让保健品获得大众的信任，我们将休斯敦、达拉斯、纽约、波士顿、旧金山、西雅图、洛杉矶、圣地亚哥等地都跑了个遍。销售员开着车子，我带着两个医生推销保健品，后来甚至跑到了加拿大。

因为我当过教师，能说会道，我可以充分调动自己的知识和经验，把教书那一套方法和心理学知识运用其中，成功说服顾客。我相信卡耐基说的一句话："我能说服一切人。"一个真正高超的销售员能把梳子推销给和尚，还能把冰块卖到阿拉斯加。我在《天天日报》和《侨报》拉广告赞助的经验帮了我很多，推销保健品可比拉广告简单多了，毕竟有个产品在手上。

除了线下推销，我们还用报纸和广播宣传。当时，1300 电台、《世界日报》上刊登的 30 秒广告词与头版广告的文字都出自我手。

我觉得做生意最重要的是 8 个字：诚信为本、遵规守矩。一是产品品质绝不能弄虚作假，我们按照美国食品药品管理局的要求，严格把控每一批次产品的质量，绝不偷工减料；二是开辟第二条战线，学会"借船出海"，依托中国巨大的出口产能，持之以恒地研发既具特色又富高科技含量的天然植物原料。我们的贝佳天然药业生产过"骨精华""心血通""益脑灵""肝好""伊美宝""明眼素"等 50 余种美国专利与特效保健品，拥有北美最大的保健品网，销售网络遍布美国、加拿大以及欧洲、澳大利亚和亚洲各地。

2003 年 11 月，美国浙江经贸文化联合会成立，王俭美（前排左四）任首届会长

2006 年，王俭美与妻子潘平微创立了独资公司贝佳天然药业

除此之外，我们还一直做植物药原料进口美国。从 2006 年开始，我们将中国合作工厂生产的植物药原料销售给美国主流保健品公司，有一项单一植物药原料进口美国，几乎占据了全美市场的半壁江山，目前占据全球市场份额的第一位。

如今我们退居二线，公司交给女儿与一直参与管理的总经理去经营。产品的生产也都交给其他工厂去代工了，但品牌、专利、配方、标签等仍是我们自己专属的。

自己的命运与祖国休戚相关

要在世上做成一两件事，着实很难。有过创业艰辛的经历，我也更加懂得回馈社会。多年来，我在美国洛杉矶发起并组织了多次援助中国地震、雪灾的捐赠活动，还率领温州籍、浙江籍华侨招商团赴中国招商。

为了更好地服务华侨华人，让他们在国外有个共同的家，1997 年 2 月，我和叶康松、李社潮一起成立了温州旅美同乡会，这是美国西海岸较早成立的海外侨团之一。3 月，我们又开始筹备同乡会商务考察团去中国的事务。那会儿的洛杉矶一片翠绿，天气温凉可人。可事情实在烦琐，大家忙到 6 月底才成行。天气热得我家后院九层塔的花都开始干枯了，但丝毫不影响大伙的热情。

那次回国，我经历了自己人生中最富激情、最令人感动的一场招商会。台上十几位考察团成员，或年轻气盛，或老成持重，大方生动地介绍了自己或其他企业的招商项目，感觉自己的命运与祖国的命运紧紧地连在一起，我们从未像现在这样感同身受过。

我知道这一趟招商团的餐旅费、广告费都要大家自己掏腰包的，每人的负担不轻，作为会长，我总想要为大家省一点。哪怕有一点轻微的怨责，我都会觉得对不起招商团的成员，毕竟天底下没有一个人觉得美元是好挣的。在美国多年，我接待了无数中国访美的考察团，为大伙搬凳端茶，召开新闻发布会，牵线搭桥，招商引资，不亦乐乎。这一回是图新鲜，想把同乡会里二三十家企业的负责人组织到中国去招商。根据粗略的估算，这些企业的年产值估计有 3500 万美元，也算是把握住历史的契机了。

实现祖国统一是全体中华儿女的共同愿望和神圣职责。2005 年 3 月，我参加了南加州华人华侨支持《反分裂国家法》的大型讲座，讲座内容在次日被在全美发行的《世界日报》专题报道；2008 年 4 月，我参加了南加州侨学界反对藏独座谈会；2014 年，我们上街游行，抗议美国福克斯电视台事件。

后来，我还参加过两次示威抗议活动。一次是在印尼驻美国大使馆前，我们对印尼政府无法阻止暴民侵犯华裔同胞的无能表现发出抗议。当时，大家义愤填膺的场面，至今还浮现在眼前。另一次是中国驻南联盟大使馆被轰炸事件的示威活动，我和温州旅美同乡会的会员在洛杉矶联邦大厦前举牌抗议。当时有记者采访我，旅居美国又来抗议美国政府，身份有点尴尬，问我怎么看待这一问题。我义正词严地告诉他们："无论身在哪里，这世界总要讲正义。北约把中国大使馆给炸了，明摆着就是个错误，很多美国人也都在抗议，倡导世界要和平，不要战争。"

在联邦大厦前举牌抗议不久后，洛杉矶侨界又在喜来登酒店召开抗议北约滥杀无辜的座谈会，我应邀出席，发言主题是"中美要相互制衡，而非对抗；中美人民要做朋友，而非敌人"。在这次座谈会上，我听到了许多侨团首领的精彩发言，令我深受教益。

2020 年 1 月 26 日凌晨，乐清市侨联发出《告海外侨胞书》，号召侨胞们捐赠医疗物资，解决家乡缺口罩的燃眉之急。我在第一时间联系了乐清侨联张颖主席，并邀请大家一起建微信群，商讨物资捐赠事宜。

我女儿王遥遥毕业于加利福尼亚大学洛杉矶分校，是芝加哥大学的硕士。她6 岁来美国，我们从小教育她不能忘本，我也亲自教她中文。现在她虽然不大会手写中文，但打字成文没有问题。她也能熟练地用中文在微信群里与大家分享信息，积极参与寻找防疫物资的队伍中。此外，张颖主席也在第一时间加入我们的微信采购群。由于美、中两地有时差，她夜以继日、快速有效地为我们对接当地紧缺物资。

我们家那阵子真是全家齐行动。平微放下生意，连续几周全力配合，帮大家申请抗疫医护物品免税、免运费的手续，协助物品顺利送达受捐单位。女儿一直在亚

王俭美全家合照

马逊等网络平台寻找货源，但由于华人抢购，口罩稀缺，加上供应方限购，只能发动公司员工、亲朋好友一起全网搜寻。可是下好的订单经常被取消，邮寄到洛杉矶的物流又很慢，那时候大家都心急如焚。

后来，越来越多的侨领加入了采购行动，比如温州旅美同乡会会长严旭明、理事长林文娇、秘书长潘峰、荣誉会长黄乐平、胡巧敏、李社潮、叶康松等人。随着队伍的逐渐壮大，我们获取的信息也日趋丰富，特别是倪立东的夫人Angela，她可是采购高手，总能找到大货源。

但我那时想，光靠网上采购还不行，就跟着许旭升总裁跑去批发仓库，买到900个医用口罩。后又得知另一朋友可能有货，干脆下班了也不回家，一直坐在车里等消息。直到晚上11点半，他总算告诉我货来了，但4000个口罩只剩下2000个了，而且价格也涨了，还得现金付款。等到口罩都拿到自己手上，我才安心，那时才体会什么叫"入袋为安"。

面对这般规模的疫情，在美国的华侨华人非常揪心。可惜我们寄去的不是能根治的解药，只是防护口罩，这种无力感深深刺痛了我们。当时，我们几乎买光了美国当地的口罩去捐给中国，后来美国发生疫情，我们又把从中国送来的口罩捐给了当地的美国侨胞、当地医院、消防队、警察局、监狱，我们就像中间的桥梁，两头捐。对于这次史无前例的重大疫情，在救死扶伤的医护人员以及不幸死亡的病患面前，我们的任何一份捐献，都只是杯水车薪，是平凡得不能再平凡的、救人自赎的行为而已。

敢闯敢创、可靠诚信是我的人生信条

虞安林：

虞安林

1962年生于瑞安莘塍，初中毕业后在莘塍当地弹簧厂打工，后随哥哥"下海"经商，赚到第一桶金后回到家乡。1985年，创办仙桥服装厂；1991年，创办红星汽车配件厂；1998年，虞安林到俄罗斯开辟海外市场。1999年，虞安林在莫斯科成立自己的首个鞋帽公司，后扩大贸易领域，现为莫斯科盛安有限公司董事长。此外，还身兼俄罗斯华侨华人联合总会会长、俄罗斯中国和平统一促进会会长、中国和平统一促进会常务理事、中国侨联委员、中央统战部海联会的常务理事、中国海外交流协会常务理事、浙江省侨联副主席、浙江省政协委员、温州侨联副主席、瑞安市人大常委会委员等职。

访谈时间：2022 年 11 月 17 日
访谈地点：温州市瑞安安阳南路高尔大厦
受访者：虞安林
采访者：方韶毅、何锦顶、徐淑瑜
录音、摄影：徐淑瑜
文字整理：陈媛

穷人孩子早当家

1973 年，父亲因病去世时，我才 12 岁，一个大哥 19 岁，二哥 15 岁，弟弟 9 岁，两个姐姐已经出嫁。

俗话说："穷人孩子早当家"，我们几个兄弟姐妹很早就学着帮家里分担家务，那时候因为给父亲看病家里欠了外债，几个兄弟迫不得已早早打工赚钱给家里还债，我在 15 岁的时候就辍学去了瑞安红星弹簧厂上班。因为家里穷怕别人看不起，所以我做事情特别认真，早上 8 点上班我一般 7 点半就到了，下午 5 点下班我都会多干半小时，只想多学点东西，多掌握一门手艺。在弹簧厂仅两年，我就把钢丝—半成品—成品—热处理，这一套弹簧生产的技术全部都学会了。

17 岁的我就成了厂里负责检验的技术人员，生产好的产品都要给我进行验收。我在红星弹簧厂一共工作了 5 年的时间，直到 19 岁时下海经商。这 5 年的经历是一个很好的锻炼机会，对我日后下海经商的影响也很大。

终于我也成了人人羡慕的万元户

改革开放以后，脑子灵光的人都选择了下海经商。我当时在工厂时跑过销售，干过采购，这才使我更加明白想要改变命运只能经商，只有经商才能致富。在与家人商量后，我和二哥一起做起了金属买卖生意。

我们当时去的几个地方都是重工业城市，像四川德阳、陕西宝鸡、山东青岛和烟台等都是金属物资比较丰富的城市。我们会到青岛各个农村和城市回收金属材料再卖给政府回收站，赚点差价。当时国家市场经济还没有全部放开，很少有人会想到去做旧金属买卖。

回收废弃金属再卖出去赚了很多，在那个普通人一个月工资只有几十块钱的年头，我们一年就可以赚几万块钱。第一年，我们两兄弟差不多是赚了3万元人民币，在1981年，3万元的收入对一个普通家庭来说简直是天文数字。那时候在外面打工大家都是通过邮电局往家里汇钱，我们时不时就往家里汇三五百块钱，惹得村里人茶余饭后都在讨论我们，好奇我们在外面做什么生意。村里都在流传我们兄弟两年在外面赚了好几万元，确实如此，那个年代几万元在当地就已经很轰动和罕见了，我们成了名副其实的"万元户"。随即，我们在家乡的仙桥公路旁边买了块空地，盖起五幢三层楼的小洋房。那时莘塍已经是有名的服装生产基地，所以我也随大流于1985年创办了仙桥服装厂。

胆子大就有可能闯出一片天

在当年，大家文化水平都不高的年代，要是一直待在家里不敢出去，那可能一辈子就这样过去了，谁胆子大就有可能闯出一片天。1992年，我在郑州跑服装生意时认识了当地汽车制造厂的部门处长，当时汽配在瑞安塘下是热门产业，我就把塘下的汽车配件样品拿到郑州，大家都说质量蛮不错的。回到家乡不到半个月就申请创办了一家红星汽车配件厂，就这样我一边做服装，一边做汽车配件，一直做到1997年。

1998年，一次招商会上，有许多国外的华侨组团来中国招商，有来自匈牙利、罗马尼亚、波兰等国家的华商。于是，我开始了解各个国家的情况，通过对比我发现俄罗斯才是人口大国，又缺轻工业制造，而中国小商品制造业发达，最后我决定选择俄罗斯作为出国贸易的第一站。

2017 年 7 月，虞安林（左一）参加全球华侨华人促进中国和平统一大会

其实当年想要出国并没有想象中那么容易，通过多方渠道打听，终于找到一位在俄罗斯当翻译的华人朋友，拜托他给我发了一封去俄罗斯旅游的邀请函，以此为由前往俄罗斯进行考察。当时，我到俄罗斯当地的市场发现那边日用商品确实比较短缺。考察了不到半个月，我基本上把情况了解清楚了，我认为去俄罗斯那边不管做什么生意都是比较理想的。俄罗斯是资源型国家，石油、天然气都很丰富，军工、重工业发达，而轻工业几乎"没有"，小商品大都依靠进口。我盘算了一下运费成本，比较了国内市场，于是回到国内着手准备，决定先搞定几个集装箱产品（温州的旅游鞋）运到莫斯科去试试。因为有国外翻译朋友帮忙，所以我也很放心。

没想到第一趟生意就遇上了金融危机，卢布贬值。我们的货物是 8 月初抵达莫斯科的，8 月上旬开始销售的时候，卢布还算稳定。1 美金等于 6.3 卢布，销售进度到 60% 的时候，卢布贬值到 1 美元兑换 15 卢布，后来一度贬值到 1 美元兑换 24 卢布，相当于 1 块钱的人民币现在只值 2 毛 5 分钱了。但即便如此，第一次

2019 年 8 月，虞安林（三排左十二）参加"庆祝中俄建交 70 周年暨欧洲华侨华人促进中国和平统一大会"

的生意仍然没有亏本。在暗自庆幸之余，我也更加坚信等卢布汇率稳定下来，一定会有更大的利润空间。经过一年的打拼，同时俄罗斯的局势也慢慢稳定下来，一切都如我所想的那样，于是，1999 年我成立了莫斯科鞋帽公司。后来，为了扩大生意规模，我去了乌克兰敖德萨的市场考察，发现这里港口运输很方便，市场需求量也比较大，所以我们第二年就跑去乌克兰开了一家鞋帽服装店。现在商铺依然在营业，只是俄乌战争爆发，为了安全起见，我们便把生意交给外国人打理了。

有钱大家一起赚

许多初来俄罗斯的华商，通常会两眼一抹黑，不知道从哪里开始，如果他们来咨询我，我都会给他们一些建议。有时候碰到他们有困难，我力所能及地会帮他们一把。

俄罗斯经常发生"灰色清关事件"。所谓"灰色清关"就是瞒报或是少报过关的商品，出口是正货，进口却成了黑货。然而从中国出口服装鞋帽到俄罗斯的关税很高，仍有不少中国商人选择"灰色清关"。

2004 年 2 月，俄罗斯内务部出动大量警力查抄和拉走莫斯科艾米拉大市场的货物，他们的理由是这些商品属于"灰色清关"商品。在这次拉货封存事件中，几十名华商蒙受巨大经济损失，有的人甚至血本无归。一些人情绪相当激动，甚至准备采取极端行为。在当时一片混乱的情况下，我主动出面安抚人心，一方面积极据理力争，与有关部门协调停止拉货；另一方面又劝导同胞们维护权益一定要按章办事、注意方式。"艾米拉事件"之后大家都觉得我处事冷静，做法得当，树立了我在广大旅俄华商中的威信。

2006 年，由于阿塞拜疆与俄罗斯有一个相通的关卡，我就将市场作为一个中转站，在阿塞拜疆成立了中国商贸城。我们将货物先运到阿塞拜疆再转运到俄罗斯这样就解决了清关的问题，后来这个市场发展得很好。如今也有许多华侨在阿塞拜疆做贸易，形成了一定规模。

2008 年是俄罗斯华人最困难的一年，俄罗斯官方以打击"灰色清关"为由，对阿斯泰 (ACT) 市场进行突击检查，查封了华商储存在仓库里的服饰、鞋、帽等所有的货物，价值大约 15 亿美元。

为了解决这个事情我跑前跑后，第一时间与俄方交涉无果，随即赶回国内寻求帮助。我带着一大堆事件材料辗转奔波在外交部、商务部等部委之间，最终带着商务部和外交部联合组成的团队返回俄罗斯周旋，还是没有把这个事情落实好。

当时，我跑去和俄罗斯地方检察院调查委员会据理力争，言辞凿凿地问他们："这些物资是从我们中国海关出来再由你们海关进来的，不可能是天上掉下来的吧？"他们说："当然是从我们海关进来的。"我又问："既然是从你们海关进来的为什么还是'灰色'的呢？为什么要收走？"这一下子就问住了俄罗斯的调查员，他们有 3 分钟没回答，后来调查员回答我说这是俄罗斯地方官员腐败问题，与我们无关。最后，俄方承诺一个月内将积压在市场内的货物全部放行。

被推选为常务副会长

2001 年，我刚加入温州同乡会就当了常务副会长，负责参与社团各方面的侨务工作。当时我们浙江在俄罗斯原来有 9 个同乡会，但是会员人数加起来没有超过 1 万人，相对来说规模较小。许多侨胞遇到难事会来找我出面摆平，当时侨胞一致认为，要成立一个"浙江华侨华人联合会"，将浙商力量联合起来，抱团取暖，相互帮扶，不会被外人轻易欺负，那该有多好。终于在 2005 年成立了"浙江华侨华人联合会"，我被我们浙江同胞推选为会长。当时在俄侨胞由于语言不通，信息较为闭塞，局限于市场，为了让大家拓宽眼界，我常常带领他们"走出去"。印象最深刻的是有一次参加了在奥地利召开的"欧洲中国和平统一"论坛大会，使大家对海外反"独"促统运动有了更深刻的认识。

由于我担任浙江华侨华人联合会会长时商会的发展有目共睹，2011 年，大家共同推选我当俄罗斯华侨华人联合总会暨俄罗斯中国和平统一促进会的会长。担任会长期间，我们商会也愈加团结，华商的生意也发展得更好了。看到我们的快速发展，其他地区的商会会长也找到我，想要加入我们。我一开始是不同意的，因为地区一多，鱼龙混杂，管理难度实在太大，虽推辞再三，最终在众望所归下，还是肩负起了统一侨团的重任。

就这样俄罗斯的 23 个商会全部并入我们商会统一管理，形成了一个俄罗斯华侨华人的大团结局面。中央统战部也评价我们是全世界最和谐、规模最大的侨团，呼吁世界侨团一起学习俄罗斯侨团的模式。

身在其位必谋其职

侨团的工作其实是不太容易的，要发挥侨团作用首先要把侨团内部团结起来。我当上会长第一件事就是把俄罗斯的各个侨团团结起来，无论哪个商会，只要想加入我们总会，我们都是非常欢迎的。2016 年，有些并不是很正规的商会申请加入我们会时遭到一些成员的反对，说为什么要把不正规的商会也吸收进来。我向他们解释说既然想加入我们商会，说明他们也有要正规化的想法，我们要给别人一个机会。结果确实如此，这些商会加入总会之后，跟着总会一起前进，各个商会间联系变得更加团结紧密。大家经常聚在一起开会、举办活动，接触得多了，大家也都相互熟络起来融入了这个大家庭。

2009年，俄罗斯政府以"检查市场卫生"为由，把整个大市场永久关闭，没收了全部货物。市场的突然关闭给我们侨胞造成很大的经济损失，侨胞当时的心情可想而知。为了安抚大家的情绪，帮助大家妥善解决问题，我把自己在罗布里诺市场的56个店面全部让出来给我们浙江侨胞，帮助他们渡过难关。我不但把店铺原价卖给同胞还将店铺转让至他们的名下，这也就帮大家省去了"好处费"（在当地市场卖家将店铺卖出后产权并不转移，而是每年收取一定费用）。当年，这件事我是一分钱没赚，如果我把这些店铺留着光收房租都是一笔不菲的收入，但我不能这么做，因为我是会长。

我们还建立了法律服务中心，主要是为了服务中俄企业家，帮助他们更好地"走出去"，为两地企业牵线搭桥，提供沟通平台和法律保障。我经常告诉俄罗斯的侨胞："在这边做生意都不用担心，碰到任何问题，我们总会都会出面帮忙解决。"在海外的浙商由于语言不通，一碰到警察盘查身份就害怕，习惯性地塞钱解决问题，久而久之，俄罗斯警察就会经常查中国人的护照和签证，侨胞们叫苦连天，碰到警察便东躲西藏。我告诉侨胞们不用怕，大家的身份都合法合规，万一遇到情况可以联系我们，会里都会派律师出面帮助解决。目前我们的总会里就有一个由22人组成的专门的律师团队，有11个中国人和11个俄罗斯人。它为我们中国企业"走出去"保驾护航。平时，俄罗斯在贸易上有新的相关政策出台，我们都会第一时间就把消息发到整个商会群里，让大家及时了解最新的讯息。

我们与其他欧洲国家的侨团不同，无论是政府还是企业代表团来到俄罗斯考察或者交流，一定要先由我们总会出面，组织一个座谈会了解情况，他们有多少企业想落地俄罗斯，分别是干什么的，我们一一记录帮助他们对接，了解俄罗斯的具体情况，为他们后续顺利合作打下基础。

携手抗击疫情

2019年10月，疫情暴发后，俄罗斯的确诊人数不断攀升，一时间在俄华侨人

2020 年 9 月，虞安林组织旅俄华商在温州瑞安市召开浙籍侨商专题座谈会，以期尽快解决华商遭受网络诈骗问题

人自危。次年年初，我们成立了一个疫情预案应急小组，开通三个专线电话 24 小时接听，这个专线为侨胞服务，每天都会收到很多紧急电话，接到电话之后我们都立刻行动，为患病的同胞联系医院，提供翻译服务；为遇到法律困难的同胞提供法律援助；为俄罗斯的华侨送出上万份的抗疫物资。同时，我们侨团还充当国内爱心物资发放"中转站"，在疫情防控期间，中国驻俄罗斯大使馆组织了多批次的防疫物资，几乎都是通过我们向侨胞进行发放的。2020 年 4 月，罗布里诺市场华商聚居的宾馆有 114 名侨胞疑似感染。我在中国得知此事，立刻安排了相关工作，组建莫斯科地区的中医群，让国内的老中医提供防疫抗疫药方，采购中药材，筹措防疫资源并发放到宾馆里每一位华商手中。最终，这 114 名侨胞都平安无事。这两年疫情好转后，我们也经常能接到咨询电话，侨胞如果身体有哪里出现不适需要去医院，都会打给我们求助，我们都会竭尽所能帮助他们。